目

U0060459

序

四大信任文

我今自心生起大信任
信任內有自明之本性

我今自心生起大信任
信任外有自然之真如

我今自心生起大信任
信任中有一體感動之真心

我今自心生起大信任
信任事事皆有奧秘完美之安排

我今立得大休息
無為順流
從容中道

我今立得大作為
進入一體感動
完成感動即與天地參

第一卷 在單獨中進入感動

「昇維法」是一種協助現代人快速提昇維度的方法。

第一單元 我們是單獨的存在

我們每個人都是單獨的存在，這是我們人生的真相，但很多時候我們都忘記這件事。

我們需要牢記這件事情，因為如果我們忘記自己是單獨的這件事，就會找不到生命發力點，也就無法面對自己，更無法面對生活中錯綜複雜的那些事。

舉例來說，感情對大多數的人而言之所以是種困擾，那是因為我們總糾結在自己與伴侶之間，忘記你與伴侶都是「單獨的存在」，當我們與他人進入相互依存的關係中，很多問題就變得更難以解開。

我們一天的生活中，真正陪著我們的人是誰？是我們的呼吸、我們的身體、是我們自己。當我們跟伴侶、或家人、或同事、客戶在一起時，我們在這些生存脈絡下很容易變成某一種程式執行者。這時你可能急著要把業績談下來，可能想要挽留或急著脫離對方，我們會急著想要在這關係中做些什麼，或思考要如何做；在這種人際關係的生存脈絡中，我們很容易忘記自己是單獨這個事實。

「每個人都是單獨的」這個事實，在我們能量低的時候，就會落入「孤獨」的狀態。

當我們落入孤獨的低能量狀態中，內在生存程式的強度就會瞬間增強，內在思維模式會立即變成一種生存模式，因爲在我們能量消減時，思維模式就會變成某一種程式或機器，好設法讓自己能夠存活下來。

弱肉強食的現象原本就存在大自然中，我們自小也常被提醒社會險惡這件事，只要在社會歷練多年後，應該也都有被他人欺騙利用的經驗。我們在被騙的當下的確會覺得非常氣憤，但如果從同情的角度去看待這事，你會發現他們也只是想要讓自己能夠存活下來，但是他們活在低維的生存脈絡思維裡，因此只能以這種壓制或排除他人的方式來求得內在的安穩。其實每個人對於存活的設定不太一樣，有些人需要數十億財產才覺得活得安心，有些人卻覺得當個流浪漢也很好。我曾經看了一段影片，影片中描述一位在比佛利山的理髮廳的理髮師，因爲難以忍受得伺候那些傲嬌的貴婦，後來選擇成爲街頭遊民，他覺得人生的自由勝過腰纏萬貫。

你其實是可以單獨的，但是單獨並不表示是孤獨。你必須穿越寂寞的假象，到達單獨，然後在這一刻無邊的接受，不管這一刻的感動如何推動你，就只是敞開自己，這樣的你就是在感動之中，在感動中是不會有寂寞的感覺的，感動是滿滿的能量，並且與萬物合爲一體的連結，怎麼會寂寞？

這些都是假象。你必須穿越它！

在婆婆世界，小心項項忌窩

因恐懼產生的「生存脈絡」

「生存脈絡」是地球上很多問題與現象背後的根本原因，因為在生存脈絡裡的情緒是出於「恐懼」，恐懼什麼？我們恐懼著自己活不下去、怕別人會讓自己活不下去，所以開始產生許多防禦機制，試著讓別人無法危及自己的生存，想方設法去抵禦，甚至攻擊他人。近期的以巴戰爭就是一種是生存脈絡，先不論彼此的宗教或立場如何，雙方都是落入生存脈絡裡；包括很多伴侶到最後互相傷害、離婚分小孩、甚至上法庭爭財產，這也都是受制於生存脈絡的機制。

我們有時會訝異法庭針對某個殺人犯的判決只是要他賠錢與坐牢而覺得不可思議，似乎覺得這樣的判決無法讓人接受，但以生存脈絡的維度上而言，這懲戒或多或少也取得了某些平衡。

單獨是一個不管睡覺或清醒都一定存在的狀態，但若我們沒有保持清醒或覺察，我們在社會的洪流下就很容易落入生存模式。一旦我們不面對自己是單獨的這件事，無法將問題的發動點、解決點回歸到自己身上，就會落入生存脈絡的低維模式裡。舉個常見的例子：你是我老公，你就應該對我做什麼；妳是我老婆，妳也應該對我做什麼… 這兩人就在這誰該如何裡沒完沒了。這模式一旦落入父子、爸爸、媽媽、小孩… 等關係，就會進入一種很重複、無聊，卻又折磨一輩子的循環裡，在這折磨的關係裏頭沒有人願意回到自己是單獨存在的角度去看問題，沒有人願意設法讓自己從生存模式裡跳脫出來。

——— ♡ ———

如果一個人沒有辦法從生存模式中跳脫出來，迎接你的就只有「痛苦」。

生存會很難嗎？以前大饑荒啃樹皮的年代可能真的有點難，那是一種生存脈絡，但到了這個時代要餓死真的是不太容易的事情。如果在這個時代不太容易餓死，我們為什麼還停留在生存脈絡裡，我們對於生存為什麼還有那麼多的擔憂恐懼，甚至演變成為戰爭，然後讓自己在這樣的循環裡痛苦不堪？

戰爭是低維度的最大化

所有的戰爭都是生存手段的最大化，不管是以什麼理由發動戰爭都一樣。以前十字軍東征起因於土耳其人阻撓基督徒前往耶路薩冷朝聖，教宗因此召開宗教大會以結束分裂為名而發動十字軍東征，但是那些參與的國王內心的盤算也是在占領那些土地。在我們一、兩百年的歷史中，那些傳教士來到中國、來到台灣，事實上也是為了某種利益。

西方國家總是以冠冕堂皇的理由行掠奪之實，例如中國鴉片戰爭失敗後的不平等條約，這個不平等條約是英國通過上下兩院後由女王簽署的，當時英國的維多利亞女王具備宗教最高領袖的崇高形象，但她卻對他國進行掠奪等不道德行為、甚至以鴉片殘害他國人民的健康，令其上癮後進而掠奪其財富。

從鴉片戰爭到以巴戰爭、烏俄戰爭，不管戰爭的理由有多麼充分正當，全都是生存手段的最大化，這些行為都是一種掠奪。那些冠冕堂皇的聖戰，還有其他理

直氣壯的理由都是為求生存的偽裝。在生存維度裡面，戰爭突顯了這個低維度最糟糕的狀況：一種以「生存恐懼」為理由的最糟糕策略。

人類已有幾千年的歷史文明，但能夠脫離戰爭的時間真的不多，從以前的搶錢、搶糧、搶娘們，到成吉思汗為了繼續擴大領域佔領歐亞，一樣搶錢、搶糧、搶娘們。搶娘們是為了維持人口以繼續擴大他的領地；擴大領地目的就是有效的控制被佔領區域。我們現今社會財團在商業界的攻城掠地，其本質跟戰爭也沒什麼兩樣，都是低級的低維度狀態。

我們如果不去了解這種低維狀態，人類的文明能夠往哪裡去？人類的痛苦要如何解脫？從戰爭的原型去看這個地球上低維度狀態的所有發生，包括宗教戰爭、人口戰爭、伴侶之間的戰爭、親子之間的戰爭…等等，都是這個原型衍生，其內在的本質都一樣，都是停留在生存脈絡的低維狀態裡。

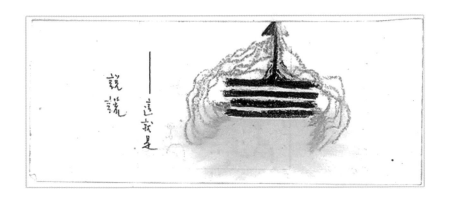

心 • 驛站

單獨並不表示是孤獨，你必須穿越寂寞的假象。

我們恐懼著自己活不下去、所以開始產生許多防禦機制，試著讓別人無法危及自己的生存。

如果一個人沒有辦法從生存模式中跳脫出來，迎接你的就只有「痛苦」。

第二單元 在單獨中進入感動

「昇維法」的目的就是幫助人類從這些大小戰爭中脫離，進而「昇維」，而昇維的目的乃在於免除恐懼與匱乏，讓人類可以真正「生活」，也就是從「生存脈絡」提升到「生活脈絡」。

想要從生存脈絡提升到生活脈絡，我們得先免於恐懼與匱乏，才有可能得到真正的自由、愛與被愛、以及具備愛人的能力，這樣的生活脈絡就是一個高維的生活狀態。

要如何才能達到這種高維的生活狀態？首先我們必須回到自己是「單獨」的真相，然後願意進入「感」的狀態。

「感」是由「咸」和「心」兩個字形成的，「咸」就是「同」，「感」就是「同心」。也就是我們是「一體」的，我們在當下與周遭或他人進入「一體之心」的狀態。

感同

一個人在「一體」的狀態時，他雖然是單獨的，但他同時也進入了跟他人共振的和諧裡，這個他人或許是某個人、某群人，或是這個大自然，甚或跟整個宇宙一起共振；例如一個人處在高維狀態中的人，他在夕陽下被當下能量與美景所震撼，他在剎那間就進入了與大自然共振的高維狀態裡，就是「感」的時候。一個人雖然單獨，但一旦進入了「感」的狀態後就是一體心、一體感的狀態，而這個「感」的狀態，也是儒家說的「仁」，「仁」字

的拆解就是指兩個人或兩個人以上，當自己與他人處於一體時，這就是「仁」的狀態。

西方有位神學家曾提到：神就是 I and Thou。這個Thou是You(你)的尊稱，他說：神就是我跟你。這位神學家說的也是儒家講的「仁」。

儒家的「仁」，其實也是中庸在談的「中」。「中」字拆解：我是單獨的（中字裡的垂直線），但我這個單獨裡面有周遭（中字圍繞垂直線的圓方形），這就是「中」字。「中」這個字在說著：我是單獨的，但我跟周遭是相互呼應的狀態，也就是自己跟周遭處於一體的狀態。因此儒家的「仁」與中庸的「中」都是指我們跟周遭處於共振的狀態中，這個當下是感動的，也是神聖的。

自己
中
身邊周遭

進入感動「光」的狀態

我們雖然是單獨進入「感」的狀態，但如果可以進一步的「動」（也就是"完成"），你就完成了感動，那時就會進入「光」的狀態。

「光」的狀態有兩個意思：其一是「發光」；其二是「空」，空且亮的。各位可能會有這種類似的經驗，例如你扶著一位行動不便的老奶奶過馬路，你扶她過馬路會得到什麼，一千塊嗎？不是！你當下只是「完成了感動」，那時候你會覺得心頭是亮亮的、空空的，既空又亮的狀態，這就是「光」的狀態。一旦我們完成感動，就會進入光的狀態，這「光」的狀態就是佛教講的「明心」的狀態，雖然不一定「見性」，

但至少你當下「明心」了。許多宗教對「明心」都有著艱深的道理，但其實這在日常生活中就可實踐了。

如果我們能在日常生活中不斷探究與完成這種狀態，我們就會發現與累積一些體驗「心得」，這過程也就是儒家說的「德」。「德」的古字寫法是「直」和「心」，左側有一個雙人旁，雙人的意思就是行動，這個字的意思就是以直接的心去行動，這也就是進入感動、完成感動。以直、心、行的「德」，也可以說是「心得、體驗」，但是它的本質就是光。

其實各宗教核心精神的實踐方法非常簡單，只要我們在日常生活中能以單獨進入感動、完成感動，我們就是在鍛鍊所有宗教哲學裡面最核心的精神，也就可以體悟到儒釋道的核心價值：儒家的「仁、德」、佛家的「空、明心」、道家的「中」，這時的我們才會是在一個「昇維」的狀態裡，我們才是真正地在生活。

提升到昇維狀態的實踐方法：回到自己的單獨，並且從日常生活中進入感動、完成感動

「快樂」與「快感」的差異

如果我們在生活中無法進入感動，無法完成感動，那我們在生活中的所作所為就都只是在強化我們外在的名利權情，這些雖然可以獲得短暫的快感，但它不是在感動中的快樂，完成感動後得到的是高維的「快樂」而不是低維的「快感」。

當我們進入感動、完成感動時，我們得到的是精神上的「快樂」，那時我們的交感神經跟副交感神經都是在充滿能量的狀態；但如果我們降維到生存脈絡，我們本身交感神經和副交感神經的能量就會不足，我們就會有種能量被掏空的感覺，這是因為當我們為了生存與他人拚搏戰鬥時，能量在激情狀態下被完全釋放，我們在失去能量後人就癱了，這就只是一種「快感」的釋放過程。

之前提到當我們進入感動、完成感動後，就會進入「光」的狀態：心頭發亮、空了、也快樂了，這種快樂是在一種高維的狀態裡；但如果降到生存脈絡時，例如殺人時進入激情的快感狀態，例如有些人殺人時還會射精，這種快感就是一種低維的能量狀態。快樂與快感兩者的能量差別導致不一樣的結果：當我們在激情中不斷釋放能量，導致能量越來越低，就需要沉積一段時間進行修復，如果能量無法被提升，那這個人就會處於情緒低維的狀態裡，這時就需要更大的刺激才能再次獲得快感。

有些人就沉迷於這種刺激的快感，例如某些人沉溺於電流刺激的快感中，剛開始只要10伏特就會產生興奮的快感，但是電久了之後就得提升到50伏特、80伏特...，刺激的需求變得越來越強烈；這是因為神經能量一直被消耗釋放，因此就需要更強的刺激才能夠達到興奮點，然後緊接著就是「空虛」，重複經歷後就開始產生了癮頭，接著又需要更強的刺激，如此不斷重複就變成上癮症。

上癮就是：原本殺一個人就有快感，到後來要殺十個

人才會覺得過癮。那些發動戰爭者的背後意涵是：「我可以殺人」，他們藉某種正當的理由殺人，並從中得到快感，他們不是為了和平而戰爭的高貴人類，他們只是被美化的政治家，也是個快感的上癮者。又例如：之前有錢買一個LV包就覺得很滿足，現在則需要不斷採購新款才能夠滿足；或是：我有一千萬不夠，要十億、要一百億，這些都是上癮的低維狀態，這種上癮會因此帶來因果效應，讓自己從此沉淪於這樣的快感追求中。

癮，惡行以內觀破，依大念住經；

見性依禪，立自性，明自心。

快樂其實與外在條件無關

短暫的快感只是物質或肉體的愉悅，例如中了樂透、喝酒喝得很爽，或甚至是親熱的時候，這種快感維持的時間都是短暫的。

根據調查結果顯示，從第二次世界大戰之後到目前為止，一般民眾的收入上升了三倍，但是快樂指數大概都在百分之二十至四十之間波動，沒有太大變化，這部份的研究結果顯示快樂跟錢沒有什麼太大的關係。

另一個研究是調查那些中樂透者，他們在中樂透後的興奮大概只能維持了七到十天，然後不管所得的彩金是上千萬或是上億元，平均都在一年半內會花完。

又有另一調查：一對夫妻結婚前四年的快樂指數會往上爬升，快樂指數大概可以維持在50%左右，但到了第五年後快樂指數就開始往下降，降到大約十幾左右，這些研究數據顯示，結婚五年以後比不結婚的快樂指數還慘！

但如果我們讓自己得到的是快樂，而不是快感呢？

有一種快樂是當我們專注在自己熱愛的事情上產生的，例如，你很喜歡打撞球，當你專注打撞球時也會產生一種快樂，這種快樂維持的時間可以較久一些。

而那種更維持久的快樂是我們透過日常生活中進入感動、完成感動累積後，讓自己維持在高維狀態中而來的，我們如果能夠持續不斷累積感動，我們就會越來越光、越來越亮，空空、光光、亮亮的，別人也看到我們整個人越來越亮，這種亮是從內而外發散出來的，而不是如化妝品般只能是暫時的。這類人為什麼可

以看起來這麼亮？ 那是因為他們持續在累積感動中的快樂，也持續在累積感動中的光。經常在這樣狀態當中的這類人會有一共通特性-嗜慾淺。他們並不是刻意地戒律，但是他們在生活中自然就沒有太多慾望，這與和尚尼姑被要求要戒律是不同的，這類人不太在乎世間享樂，也沒有什麼慾望。論語曾提到『顏回一簞食，一瓢飲，在陋巷，人不堪其憂，回也不改其樂。』為什麼顏回可以做到如此？因為他已經在高維的能量狀態裡頭，根本不需要世間的快感來滿足他，他已經如此快樂滿足了，所以他根本不在乎要怎麼吃、怎麼穿、或是得住得如何。

真正的快樂是維持最久的，那是進入感動、完成感動累積而得的高維狀態，這種快樂來自於我們對生命的熱情與愛，有些人會將它用於奉獻的事情上，讓快樂的層次更為提升，快樂的時間能維持的更久。

暫時的快感，只是一種或多重感官的愉悅；持久的快樂卻是一種精神層次的滿足，可以體會到生命的價值與意義，那才是真正的快樂。

簡單總結一個人可能的狀態：
生存脈絡的狀態：「孤」，孤獨、孤單
生活脈絡的狀態：「感」，進一步完成為「動」

悲莫悲於精散

孤莫孤於自恃。

黃石公

心 • 驛站

提升到昇維狀態的實踐方法：回到自己的單獨，並且從日常生活中進入感動、完成感動。

暫時的快感，只是一種或多重感官的愉悅；持久的快樂卻是一種精神層次的滿足。

真正的快樂是維持最久的，那是進入感動、完成感動累積而得的高維狀態，這種快樂來自於我們對生命的熱情與愛。

第三單元「孤」是一種生存脈絡

對女人而言，「孤」就是缺愛的狀態。女人在缺愛狀態下會想以瘋狂購物或追逐食物來填補殘缺的空洞，肥胖就是女人缺愛後的表現之一。大部分的女人都很在意外貌，為什麼在意外表還讓自己肥胖，其背後原因就是缺愛。當女人進入「感動」的狀態時，自己就是愛，也能夠愛人。對女人而言，進入「感」的狀態時，「自己就是愛」，完成「動」就是「愛他人」。

對男人而言，「孤」就是自閉狀態，雖然男女不一定區分如此嚴厲，但大多時候是如此。當男人進入「感動」的狀態時，自己會處於打開的狀態，並且感覺到自由。對男人而言，進入「感」的狀態時就是「打開自心」，進入「動」後即得到「自由」，這兩種是一體的，只是在女人與男人的狀態呈現上不太一樣。

	女性	男性
「孤」的狀態	缺愛	自閉
「感」的狀態	是愛(自己即是愛本身)	自心打開
「動」的狀態	愛人	自由

對男、女人而言，「孤」就是一種生存脈絡，是低維的狀態。獨裁者是很孤獨的；希特勒的一生充滿孤獨，所有的獨裁者都是非常孤獨的。除了像希特勒這麼大的獨裁者，生活中也有很多小獨裁者：例如有些男人在家裡就是獨裁者，當然家中的獨裁者或許是女人也不一定。這些獨裁者的生命總是處在充滿孤獨的低維狀態裡。

情緒能量維度

情緒能量等級

下面的能量等級表是日常非常好用的工具，隨時都能用以檢視自己的能量狀態，進而反省與提升自我狀態的一種方便工具。這個表是黃鼎殷醫師在生活中能量修煉的心得結晶。如果能善加利用此表，就能夠改變我們生活中的能量等級，往昇維的狀態前進。

等級	狀態	等級	狀態
10	超越(群體)	4	壓抑(自欺、忍受)
9	體驗(個人-心得、熟練)	3	悲傷/憤怒
8	紀律(練習)	2	無力感
7	立志(願力)	1	憂鬱/麻木 (過於理性、異化、疏離、幻覺)
6	勇氣(接受)	0.5	自殺/他殺
5	真誠(良知、真心)	0	死亡

心念定位與解碼

如果有人想進一步了解什麼是「昇維」狀態，或是想檢視自己是否在昇維狀態中，下面的檢測方法可以進一步讓你更清楚自己目前的能量狀態。這個方法稱為「心念定位與解碼」。

奇蹟煉金

等級	能量狀態	分數	心念定位與解碼		
10	超越	10	慈悲 (同體大悲，無緣大慈)		
		9.6	願力		
		9.3	喜悅		
9	體驗	9	完成體驗		
8	紀律	8	耐性		
		7.6	自我操練		
		7.3	自我管理		
7	立志	7	自救		
		6.6	決心		
		6.3	獨立		
6	勇氣(接受)	6	尊重/溝通		
		5.6	單純/平靜		
		5.3	接受生存挑戰		
5	一念真誠	5	感動/笑		
		4.8	空		
		4.6	解除設定		
		4.3	發現設定		
4	壓抑 放縱	4	無聊/空懸 (不認同之認同)		認同 (想法或感受)
		3.8	執著/設定		
		3.6	判斷/分別/選擇		
			陰性(感性化)	中性(身體化)	陽性(理性化)
		3.4	依賴/偷懶	著欲	成見/虛假價值觀
		3.3	遮掩/迴避	膨脹欲念	渲染/誇大
		3.2	失落感/擔心	欲意	自以為是/合理化
		3.1	受創感受/創傷	享樂思想	侵犯意念/暴力意念
3	悲傷 憤怒	3	悲傷	縱慾	憤怒
		2.5	無奈/埋怨/厭惡	空虛	茫然
2	無力感	2	焦慮		衝突/挑釁
		1.8	強迫意念		強烈敵意
		1.6	強迫行為/上癮		仇恨/暴力行為
		1.5	虛無感		無恥/無罪惡感
		1.4	驚恐/求饒		盲目的報復
		1.2	宿命感 (偏感性)		工具化、物化 (偏理性)
		1.1	生存放棄		野心放棄
1	憂鬱 麻木	1	死亡衝動		毀滅衝動
		0.7	死亡意願		毀滅決定
0.5	自殺 他殺	0.5	死亡力量		毀滅力量
0	非自然死亡	0	非自然死亡		

心念定位與解碼分析

• 零分　非自然死亡：透過人生動力來昇維

我們從最低維的零分往上談。零分是「非自然死亡」；0.5分是殺自己、殺別人，這就是死亡、毀滅的力量；1分則是憂鬱麻木、死亡衝動、死亡意願、毀滅衝動、毀滅決定。

我們剛才提到戰爭的包含宗教戰爭、國與國的戰爭、男與女的戰爭，一切的鬥爭能量都很低。有人問：中國這兩百年來為了救亡圖存、不被滅國滅種的這種為抵禦外侮而發動戰爭，算是低維狀態嗎？這情況不能算是低維能量，因為我們並非為了快感而侵略殺人，但也不是基於生存威脅而先發制人的攻擊狀態，我們只是為了在對方侵略的情況下能夠存活保種。

我們在這級別表裏的0到1分裏會看到最極端的狀態，例如：憂鬱症患者自殺，或癌症患者潛意識設計的慢性自殺。癌症患者跟憂鬱患者不同的地方在於憂鬱患者是對外自殺(表現在外)，而癌症患者則是對內自殺(表現在內)。憂鬱症患者是表現於外的自殺，而且越不說出有自殺念頭的憂鬱症患者，越有可能會自殺。

另一種是他殺(殺他人)。很多殺人犯看起來好像神經有問題，這是因為他們在法庭上裝成自己有神經病就可以逃過牢獄之災。另外有一種人殺人的心態就是：既然都想死了，反正無論如何都是死，但又不想自殺，於是就拉個人跟他一起死；這尤其在為了報復伴侶時特別容易發生，有時甚至會將自己的小孩也拉去一起自殺；這都是0到1分的低維能量狀態。

非自然死亡會形成能量黑洞

「非自然死亡」的狀態會形成一個痛苦、不幸、疾病持續發生的能量黑洞。不論是在某個國家、家族或地區，只要有非自然死亡發生，類似的模式就會不斷的在那個黑洞空間中重現。因此，我們可以看到中東地區總是戰爭不斷，因為那些非自然死亡的人所產生的黑洞能量沒有被處理。我們只要觀察一下就會發現地球上發生戰爭的地方總是那幾處，這是因為那個空間有很多靈魂都還在黑洞裡，他們像水鬼一樣不斷地招人自殺，如果你內在跟他們有所相應就會勾出死亡念頭。也許你也已發現想要自殺的人都會選在同一棟樓，這是因為那棟樓有個黑洞在吸引他們，只要有死亡念頭的人跟那個沒有被處理的黑洞靈體相應，潛意識就會帶著這個人到那個能量黑洞附近自殺，例如日本的死亡森林也是這種類似的狀態。

這種能量黑洞其實也是「人生動力療法」在解決問題時關注的焦點。針對憂鬱症或是癌症病人等個人問題，我們處理的方法就是：真相大白、一同經歷死亡，然後進入光中。只要依這些步驟進行這就可解除個人能量黑洞的問題。因此當我們藉由人生動力療法，或是後面我們將會提到的一些方式，將這些地區或是我們內在的黑洞能量解除後，能量狀態就會往上提升。

• 2分　無力感：要解除「恐懼」

當我們把一個人的自殺、憂鬱、他殺的行動或意念解除以後，這個人接下來就會進入一種無力感的狀態。

無力感有一些階段，例如：偏感性化的宿命感，偏理性化的工具化或物化等 (參見心念定位與解碼表)。

這個表的精確性就在於它細微且明確地呈現出一旦黑洞解除後就會進入無力感、然後進入3分狀態的悲傷憤怒，接著進入四分狀態的壓抑、放棄等包括感性化與理性化的更細微的情緒氛圍。

「無力感」其實是恐懼的另一種表現，這個「恐懼」會從憂鬱的死亡意願衝動，轉為無力感的狀態，當我們把無力感解除後，就會再進入下一階段的悲傷或憤怒，這個路徑很清晰的。我們在進行人生動力的個人動力的時候，這些都是必經的路徑。但在團體動力排列中，這些路徑的發展就沒有那麼明顯。

• 3分 悲傷與憤怒

當一個人從憂鬱想死的外在自殺，或是癌症病人潛意識想自己了結自己的內在自殺，甚或憂鬱到想要找個人跟他一起死的他殺，在我們將這些造成憂鬱的死亡意願解除後，這個人就會進入一種無力感或驚恐焦慮的狀態。這個恐懼狀態透過我們「昇維法」解除以後，就會來到3分的悲傷或憤怒階段。

• 4分 壓抑與放縱：在逃避真相

當我們把這個人在3級分的悲傷憤怒之低維能量狀態解除後，他就會進入4分的壓抑或放縱，這些都是一個人對於真相逃避的方法。第一種逃避方法就是把它蓋下來 (壓抑)，第二種則是表現得毫不在乎(放縱)，

當這個人還無法接受真相時，他就會運用一些特定的想法來逃避它；如果我們能夠以「昇維法」將這個設定解除，這個人就會來到4分的尾聲「無聊／空懸」或「認同某一種想法／感受」的狀態。

當一個人的能量從0分來到了4分就表示他那些往下拉扯的能量快要被解除了。當4分的能量狀態被解除後就會進入5分的階段，到達這個階段就開始能夠誠實的面對自己。

在4分與更低的低維狀態下，做什麼事都無法成功

一個人在等級表的5分之前，都是處在低維狀態，只要處在這種低維狀態下，此人的事業不會成功、關係不會和睦、工作不會順利。這是因為當我們在低維狀態時，宇宙要我們首要解決的事情就是把自己搞定。

很多人上過激勵成長課程，剛開始會覺得像是打了嗎啡一樣的興奮高亢，但幾天後會突然像氣球洩氣一般沒了氣力，這是因為我們的內在並沒有被轉變，我們只是在那樣的團隊中、在那樣地氣氛裡被集體催眠，就像去聽演唱會時很嗨，但回到家還是覺得空虛一樣，這是因為我們還是一樣處於低維的能量狀態裡。

在低維狀態下，無論我們做什麼事都無法成功，因為其他人能量比你高，腦袋又比你靈活，不論怎麼做都會比你好，而你目前卻只能困在既有的低維模式裡，在這種狀態下做事不可能勝過其他高維的人；在這種低維狀態中，你也無法正確地回應伴侶的愛，如果你的伴侶沒有愛，也跟你一樣低維，那你們要如何走出這個牢籠？

所以「心念定位與解碼」表要告訴大家一個很重要的訊息：只要我們沒有進入誠實面對自己的能力與狀態，我們在低維狀態裡無論做什麼事都不會成功。也許某件事成功了，但一下子又會跌回來，那時的成功只是你的運氣好，像瞎貓碰到死耗子罷了，但是你始終處於低維的狀態裡，最終一定還是會以失敗告終。

• 5分　一念真誠：開始進入高維且真正誠實的狀態

一個具有死亡意願，或在憂鬱、恐懼、或在悲傷憤怒中的人，他是無法誠實面對自己的，這時候跟他談誠實，他也是無法理解的，這是因為他受困於前面0到4分的心念運作裡。這類人在很早以前就決定逃避這些真相，他繞道而行或者壓抑它，因此在這個階段的他無法理解什麼是誠實面對自己，當然他也無法做到。

但是當這個人來到5分，他內在設定被解除後就會開始呈現一種「空」（這是從解除設定的路來看「空」），這種「空」可以讓這個人開始進入可以感動、可以笑的「一念真誠」的狀態。

當一個人在5分的狀態裡，他就開始能夠感動，能夠笑，這種笑不是那種嘴角上揚，但肉笑心不笑的機器般笑容，這種機器般的笑都是場面的面具，很多政治人物都有這種類似的笑容，那都是場面假笑容。在5分一念真誠狀態中的笑，可以是發自內心的笑容，與假笑容有很大的不同。

26

一念誠，念念誠，即為開悟；
誠則無念，誠則無住，誠則無相，誠則精神
挺立，虛靈，篤實之地。

本土用心全是路——只因有夢未醒

• 6分 勇氣(接受)：進入一個人的「單獨」並願意打開自己

當我們到達這個等級表的6級分，就會開始進入「勇氣/接受」的階段，也就是從「孤」往「感」的方向移動了。

一個人如何進入感動？進入感動的首要之務就是得將我們的心打開，我們得要開始學習接受，如果你什麼都不願接受，你是無法進入「感」的狀態裡的。例如當朋友說：今天天氣真好，我們去淡水看夕陽！如果這時候你的心無法敞開，你可能就回了一句：夕陽有什麼好看的！這種狀態的你去淡水看夕陽怎麼可能會有感動。再或者你曾經在某次去淡水看夕陽，正要進入感動狀態時，你的男朋友突然跟你提分手，在那當下你的心頭一縮，創傷就產生了，於是你再也不去看夕陽，因為你的心某些部分在當時就已經被關閉了。

我們如果想從"一念真誠"的狀態裡，進而進入「感」的一體狀態中，就必須打開心去接受，這就是勇氣或勇敢的定義。

一個人什麼時候可以說是勇敢的狀態？勇敢並不是拿著刀跟人械鬥，或是砍死了多少人。勇敢是在進入自己的「單獨」時，願意打開自己的心，這就是勇敢。

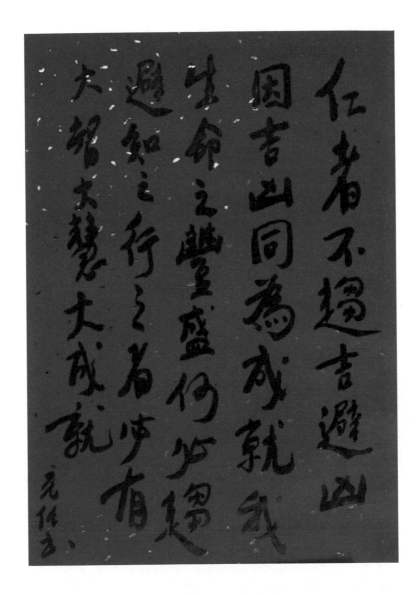

仁者不趨吉避凶
因吉凶同為成就我
生命之豐盛何必趨
避知之行之者少有
大智大慧大成就
元任書

• 7分 立志

當我們願意接受生存挑戰、能夠讓自己單純與平靜、能夠尊重別人、願意溝通，我們就會提升到7分的「立志」階段：獨立、決心、自救。在這個狀態下你就真的願意面對自己是單獨的這件事了，你也同時就有了立足的能量，這就是進入「立志」的階段。

• 8分　紀律：就算被干擾也要堅持完成

8分的「紀律」狀態：自我管理、自我操練與耐性。

在進入感動、完成感動的過程中，「完成感動」的過程並不是一下子就可以完成。例如當你扶著行動不便的老奶奶過馬路時，旁邊開始有人譏笑你：這個人怎麼那麼笨？那個老奶奶是騙子、她是假的啦！或是譏笑你：哎呀，那個人又在虛偽假裝日行一善了…，在完成感動的過程中，可能會有許多狀況來干擾你，在這階段你需要鍛鍊自己能夠自我管理、自我超越，有耐心地堅持把它完成，這就是8分狀態中必須經歷的鍛鍊過程。

我們很多人在創業路程中應該經常會聽到這類話：你怎麼那麼笨？你怎麼不去大醫院當醫師，那不是薪水比較好嗎？你做這個幹什麼？哪有醫生在做什麼情緒療法？哪有人像你這樣管理公司的？你的錢怎麼這麼花？你怎麼抽煙、喝酒，請朋友…。當我面對這一大堆他人碎語的做法是：

面對第一級輕微的干擾，我會說：
咬我啊、come bite me、來咬我啊！

面對第二級的騷擾，我就會開始這樣做：

男的我就叫他爸，女的我就叫他媽，意思是你是我爸還是我媽？你管那麼多幹什麼！

面對第三級的騷擾，我就會直接說：

要不要我帶你去山上看一看，前面幾個草叢都長很高了，意思就是暗指再說就把他活埋(開玩笑的)。

當我們在面對他人的閒言閒語時，就算被干擾也要繼續堅持初心來完成我們的目標，這是8分狀態裡頭必須經歷與鍛鍊的過程。

• 9分　體驗：完成體驗就是完成感動

當我們在8分的狀態中，我們可能明明已經得到那個感動，並且想要進一步去完成它時，開始就會經歷很多低維的人來扯後腿，當我們能夠堅持自我管理、自我操練、有耐性地度過這個階段，堅持我們要做的，不斷重複這樣的過程，就會到達9分的完成體驗的狀態，這也就是進入感動後的完成感動，這時你心裡的「光」就會開始出現。

• 10分　超越：因為不斷完成感動而產生「願力」

10分的「超越」狀態：喜悅、願力、慈悲。

一旦我們完成體驗後就會有光、有喜悅、有心得，君子無入而不自得焉。當這個「喜悅」累積達到更多，就會產生一種「願力」。為什麼會產生願力？因為當我們完成感動的體驗累積久了，我們會發現自己跟周遭的差距越來越大：我們會看到雖然我很快樂，但是

我父母不快樂；我很健康，但是我的父母或兄弟姊妹不健康；我過得很好，但是我周遭的家人朋友過得不好。這時候大部分在這狀態中的人都會產生想幫助他人跟你一樣快樂的念頭或動力，這就是願力。

幫助他人不是變得跟他一樣低維挺他，而是你以高維的狀態引導他如何昇維。當我們持續如此進行，這個願力就會累積成為真正的慈悲，這是一種同體大悲、無緣大慈。這種願力不僅可擴及身邊的朋友跟家人、還可以擴及周遭不認識的人、甚至不同地區、不同國家，甚或不同星球、還有你不知道的次元中的其他生命體。

這個心念定位與解碼分析表絕對是劃時代的能量等級分析，因為它清楚地定義與定位出一個人的維度 (dimension)。我們至今還未有其他方法或儀器可以測量我們的維度狀態，也無法清楚的定位／定義我們的維度高低；這個分析表可以很容易的讓我們清楚知道從低維到高維所有會經歷的過程，也可以協助我們知道該要在哪些地方或是往哪個方向前進與昇維。

堅住正印 任運自然

在婆婆世界，小心琪琪志窮

心・驛站

🍃 「無力感」其實是恐懼的另一種表現。當一個人解除死亡意願後,「恐懼」會從憂鬱的死亡衝動,轉為無力感的狀態。

_____

🍃 只要沒有進入誠實面對自己的狀態,我們在低維狀態裡無論做什麼事都不會成功。

_____

🍃 「勇敢」就是在進入單獨時,願意打開自己的心。

_____

第四單元 在此刻，你也可以是聖人

接下來要跟各位剖析一些觀念，這些觀念很重要，因為如果我們的看法產生的偏頗，我們在前進的路上就會產生許多困擾，阻礙我們昇維。

「好」與「壞」皆為片刻的存在

首先請各位思考一個問題：什麼是好人？什麼是壞人？什麼是好事？什麼是壞事？

一個好人會持續都是好人嗎？縱使你有一把絕對的尺，更何況你也不可能是一個絕對正確的尺，因為人都是互動的，而我們通常只是站在自己的角度立場來看待他人，或許以某個客觀角度而言他是好人，然而此時你在低維的生存脈絡裡，所以你不認為他是個好人；也有某人以前做事客觀，可以稱得上是好人，現在卻做了某件我們認為的壞事，而這件我們所認為的壞事，我們無從得知其背後緣由，那這件事是否真的是壞事？這個人當下究竟是好人？還是壞人？那什麼是好人，什麼是壞人？好人會不會做壞事？壞人會不會做好事？

有人可以一直都是好人嗎？我想可能只有死人可以如此，這就是為什麼真正的教主通常會暴斃，因為一般人心中的教主必須是完全的真善美，他必須是完美的存在，我們才能讚嘆師父、感恩師父！但是有人可能會是個完美的存在嗎？只要這個教主有肉體，他就是個凡人，凡人怎麼可能是個完美的存在？老子曾說：「吾有大患，在吾有身。」我們的肉體將我們固定在

這個低維的狀態中，所以那些自詡爲教主的人，如果他真的要成爲一個具有永恆眞善美的完人 ，他就只能死去， 因爲他的肉體無法拉住他的高能，只要他想維持在永恆眞善美的高維，他就無法待在肉體的低維狀態中，因此他只能以突然暴斃的方式死去。不會有例外。

耶穌不是教主，他當初上了十字架是被羅馬釘上去的，那時候也還沒有基督教，他當時只有十三門徒，他只是在傳天國的福音。

佛陀也不是教主，他那時候也沒有佛教，他只是在49年當中教人如何離苦得樂得解脫，他當時不是佛教的教主，那是後代人封他爲佛教教主的。所有的教主都是死後被封的，在活著的時候想當教主，那就只能等著暴斃，因爲不可能有人是一直都會是完人，這是我們必須認清的第一點。

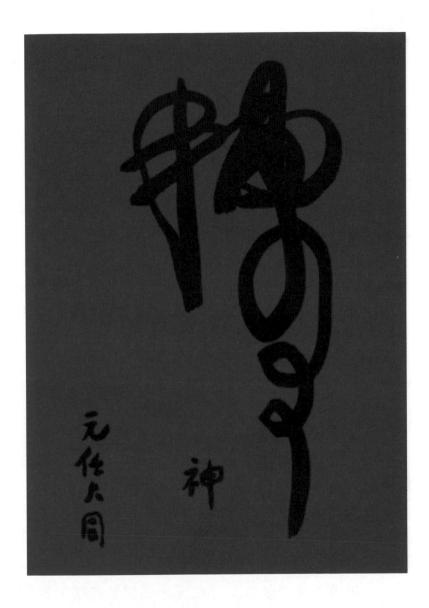

神

進入感動、完成感動的那一刻，你就是聖人

我們必須認清的第二點：一個人應該依他現在的狀態與展現來被接受，我們就只看他當下這一刻的呈現。舉個例子，例如我跟賴博士認識那麼多年，如果我看到她就直覺反應：「她就是這樣的人。」那我就是一直活在過去狀態裡的人，這包含你面對自己、面對伴侶、面對你的孩子。不要再對你的孩子說：「你以前都很乖，為什麼現在這樣子？」因為第一，他現在可能是乖的，只是你困於低維狀態，所以看不出來；第二，你何必拿過去來框她？這心態對於我們看待事情而言很重要。

一個修煉不錯的人，當他在沒有受到舊時創傷干擾的這個當下，他可以很亮麗、很光亮，他也可以維持在這樣的狀態中；但如果現在突然出現一位長得很像他高中時拋棄他的女朋友的女性，這時他舊時未解除的創傷可能瞬間被啟動，然後他可能就會開始表現出畏縮害怕，或是憤怒、有暴力傾向，那麼在這一刻，他就是個帶著創傷的人，接著可能會做了錯事、壞事。反過來說，一個壞人難道就沒有光亮的時候？

所謂聖人，並不是專指某一個人的所作所為是否夠格，聖人指的就是進入感動、完成感動那一刻的你。當一個人進入感動、完成感動的那一刻，他就是聖人，就是佛，就是菩薩，就是義人。不要再被文字相困住了，我們要以這樣的眼光態度去看待事情。

所以，如果你還總是說：「哎呀，那個某某某，他就是那樣的人。」這種話如果還經常掛在你的嘴邊，這

就代表你是一個沒有在感動中，並且充滿設定的人；也許你以前就是這樣說，你也不覺得這樣有什麼錯，但現在我們在談論如何進入昇維狀態時，這是需要特別強調的一個重點。

我們每一刻都在維度中上上下下，這是因為有時候我們還在受到舊時創傷的干擾，我們內在的那個扳機、那個觸控點正被舊時的創傷所觸動。當舊時創傷被觸動，我們的維度可能就掉到4分、3分，甚至掉到2分的無力感，甚或自我放棄，這時侯你可能就會做了錯事、壞事。

試著想像一個畫面：一位無業遊民拿到別人施捨給他的食物，他寧願少吃一點，也要送給周遭同樣處於飢餓狀態中的遊民，讓他身邊的遊民不至於餓死，就在那一刻，這位遊民的能量狀態可能瞬間就被提升到9.6分。

這是一個必要的全新觀點。這個觀點可以讓各位看清楚很多事情，也可以讓各位在昇維的路上不至於受阻，不要把一個人當成一個不變的狀態，我們要把每一個人當作霎那的狀態，一刻接著一刻的狀態。

無生法忍，不自生心；

打開、接受一切，就做這一刻當做的事；

不做衝動、欲念的事。

不斷貪瞋，吡空自靜」

用「十字打開」來昇維

陸象山曾說：「孟子十字打開，更無隱遁。」我們昇維方法就是要做孟子做的事情：以進入感動、完成感動的方式將我們的十字打開。

上面提到孤、感與動，女性在「感」與「動」的狀態分別是：「是愛」、「愛他」；男性則是「自開」與「自由」。

儒學王鎮華老師也常提到要在生活中落實「德」，需藉由「直」「心」「行」的實踐來獲得生活中的心得體驗。以「直心」進入一體的狀態 (感，同心)，以「行」來「完成」感動。

儒學王陽明先生提到的「知行合一」，其中「知」就是「感」，「行」就是「動」；「知行合一」就是進入感動、完成感動。

而儒學的「中庸」，「中」即是進入一體，庸字拆開即是「用中」，也就是「行、行動」的意思，當我們進入感動，完成感動，也就是中庸的體現。

還有佛家的維摩詰經文本中曾提到「直心」就是道場，「直心」就是淨土。以直心進入一體的狀態，在這一體中完成感動後所開展出來的就是充滿「光」的淨土。

另外，佛家也常提到「明心見性」。「明心」就是進入感動完成感動後體驗到心空空亮亮的狀態，完成感動的體驗累積到一定的階段後就會「見性」，這些都是同樣的道理。

	女性	男性	王鎮華老師	王陽明	佛家	儒家
「孤」的狀態	缺愛	自閉				
「感」的狀態	是愛	自心打開	直心	知	明心	中
「動」的狀態	愛人	自由	行	行	見性	庸(用中)

孟子的「十字打開」，是存在「進入感動、完成感動」的核心中；當我們十字打開後，就可真實地看到生活中的所有關係、事事物物，這個十字打開的過程，都是這些原則的操練。

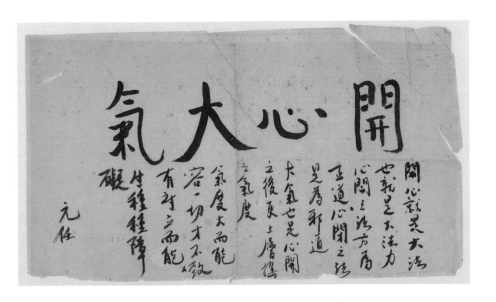

開心就是大法
也就是大法力
心開之法方為
正道心開之法
是為新道
大氣也是心開
之後更上層樓
之氣度
氣度大而能
容一切才不致
有爭之而能
生種種障
礙

元任

心‧驛站

一個人應該依他現在的狀態與展現來被接受，
我們就只看他當下這一刻的呈現，不可能有人
一直都是個完人。

一個人是當下霎那的狀態，一刻接著一刻的狀
態。

「聖人」就是當你進入感動、完成感動那一刻
的你。

第二卷 道的本質與實踐

進入感動、完成感動的十字打開狀態，可用「德」和「位」(道)兩種方式來說明如何落實於我們的生活面向。

「道」其實很難說的明白。老子曾說：「道可道，非常道。」道是無法言盡的，因爲祂包含了全宇宙的開始與結束、沒有開始與沒有結束，我們下面會用蓮師八變的方式試著來談談。

中國老子《道德經》的「德」就是「道」的本質，也就是「道體」，若具體落在人身上就是易經的「位」(定位)。例如我跟某個人是合夥人關係、朋友關係，家人關係等，這就是所謂的「位」(定位)。

第一單元 道在生活中的操煉

上面提到「道」的本質就是「德」，我們要如何讓「德」落實於我們的生活中？關於「德」的核心操練可分爲以下四步驟：

一道：體驗生命八個階段
二路：進入感動、完成感動；解除設定
三無：無邊接受性、無限誠實性、無餘實踐性
四大信任文

一道：體驗生命八個階段

在「德」核心的操練裡的「一道」，我們可用蓮花生大士之蓮師八變的過程來說明人生修煉的八個階段。

蓮師八變

王 而 不 宰
日 而 無 差
智 而 無 諍
見 而 不 立
悲 智 雙 運
作 獅 子 吼
樂 空 不 二
忿 尊 降 魔

王而不宰

解除設定是昇維方法的起始步驟，這也是我們『人生動力療法』解決問題的首要要項，它是一種讓我們可以「昇維」的方法。

什麼是「設定」？ 這裡的「設定」是指頭腦被制約的一種狀態現象。這種現象來自於我們過去經歷過，但未真正被解除的人生創傷，這些殘留在腦中的創傷記憶(設定)，不管我們是否意識到它，它一直以語言、聲音、文字、圖像等各種形式存在著，未曾消失，這些設定也衍生成為我們內在對於外在發生的詮釋系統，造成我們總是以與設定有關的創傷反應機制來回應它。

當這些設定被解除後，我們內在就會自動轉換對外在的詮釋模式，而以不同的角度看待外在的發生。例如你在路上看到有兩個人吵架或打架，你可能會受到這些狀況的干擾而產生厭惡或驚恐，也有可能被波及或甚至加入戰局，但如果你現在住在十九樓，你幾乎聽不見這吵架的聲音，或是你看到時對這些發生不會有

其他的反應，因為你知道這是他們之間的糾結要化解所必須經歷的過程，只是他們選擇用這種比較低維的方式處理！這就是解除設定後的昇維，這時你就像王者位在較高視野看待外在發生的一切，但不去主宰這些發生的始末，這就是王而不宰，就像太陽只管照耀大地、提供能量，但允許這世界所有的發生與變化，不會主宰它。

當設定被解除後，我們通常會有幾種很明顯的感受：

第一種感受：我們的「堅實感」越來越模糊

我們會覺得過去那些創傷回想起來比較遠，也比較模糊，以前覺得很困擾的狀態，現在想起來卻好像做了一場夢一樣，這是因為這些創傷已解除，它們被歸檔了，不再成為我們對外詮釋系統中的執行程式。所以，昇維後的其中一個特色就是：你自己跟你周遭之前那種很堅定、很實在的感覺與反應，會慢慢的模糊跟消失。你以前覺得我跟這個人就是這樣，我跟他永結不共戴天之仇，但當你昇維後，你可能會覺得對方看起來蠻可愛的，以前那種非得如何不可的那種『堅實感』，在我們昇維後，這種堅實感就會越來越低，這是昇維後的第一個現象。

昇維後第二種感受：心念與想像力的力量越來越高。

你會發現有時候你單獨進入一體感中時，你的心念可以開啟一個充滿光的空間，這個空間如幻似真，但這裡頭含有你與非你之間的一體感在其中，你甚至可以感受到這光帶給你的能量，這就是你在高維狀態下，你的心念與想像力所能達到的狀態。

———♡———

孔子祖述堯舜之德
純之又純以至於...
無為而書以起一...
淵純化自身情執
以外大道
元化書

日而無差

我們人生其實就是宇宙發展的縮影。

各位可能有聽過宇宙大爆炸來自於「奇點」，這「奇點」經過大爆炸(Big Bang)後，開始有了銀河系(Galaxy)的形成。

從奇點到大爆炸Big Bang就是「王」的階段，星系(Galaxy)就是「日」的階段，這個「王」到「日」有一個中間，這中間稱為白洞(White Hole)。在「日」的階段各個星系開始出生、茁壯、老化，最後被黑洞吸進去後化為烏有，這是目前我們對於宇宙起源的論點。也有人提出黑洞的出口就是白洞，在太極圖中白色部分裡頭有黑洞，黑色部分裡頭有白洞，從這太極圖裡頭也可略窺一二。

宇宙的奇點非常小，但祂是完整的，而且能量非常可怕的巨大，祂是一切的本源。奇點經過大爆炸後產生很多「太陽」，以佛教的說法這個宇宙本源「王」就是「佛」，而「太陽」就是「菩薩」，也就是「日」，這些「日」(太陽、菩薩)都是源自於宇宙「王」這個本源。

「王而不宰」最究極的狀況就是易經講的「群龍無首」，或是佛說的「心、佛、眾生，三無差別」。這裡說的就是究竟的王者狀態(宇宙本源的狀態)沒有宰治或控制，祂即是最原初的圓滿，透過祂產生了很多的太陽，這就是「日」。

太陽(日)的德是什麼？太陽照好人，也照壞人，除非你躲到樹蔭底下，不然太陽他是平等的，對待一切沒

有任何差別。但是這些「日」(星球)經過時間一層層的推移(各種星球、區域文化..)，他們離開本源就越來越遠，這時就產生兩個現象：第一，他們的能量變得越來越少；第二，彼此對立(分裂)越來越大。因此逐漸產生遠離本源的低維世界，這就是物理熱力學定律裡頭的「熵」，它只會往更混亂的狀態去演變。也就是當我們遠離宇宙本源，由本源衍生的這一切就只會往更混亂、能量越低、越分裂的狀況演變。

智而無諍

宇宙為了解決這樣的問題，因此有了黑洞的存在。黑洞在宇宙邊緣或靠近邊緣處，它不須任何解釋，也無須產生任何對立，祂只是將低維的時空往黑洞裡頭吸收，然後毀滅，就像是我們人身的死亡一樣，死亡有其出現的必要性，在該發生的時候自然就會發生。

一個人的一生其實也就是宇宙發展的縮影，宇宙即人生，人生即宇宙。生與死，如果你的人生中沒有一些昇維的方法，當你越來越老，離宇宙本源越來越遠，你的內在就越來越分裂，對立矛盾感也會越來越大，能量越來越低，在這個人的身上也就看不到真善美這些高維能量。如果沒有一個昇維方法協助，我們的人生就會跟宇宙演化的路徑一樣，終究會被黑洞吸收毀滅；但如果我們能夠有一些昇維的方法可以回到宇宙本源，我們就可脫離低維的毀滅狀態，可以跟宇宙本源保持連結，甚至可與宇宙本源一同進入「日日新、又日新」的創生狀態。

見而不立

昇維過程中另一個要項就是在去除我們固著的狀態。這種固著包括思想、觀念、甚至語言、文字等等讓我們產生某種特定狀態的所有事物。

爲什麼昇維方法不宜有語言或文字相？因爲文字是一切誤解跟衝突的根源，試想想：兩個啞巴怎麼爭辯？語言其實很容易形成誤解，因爲語言或文字本身，跟我們的體驗是有距離的，我們總是以我們的體驗去詮釋我們所聽所見的語言或文字，這就是「見而立」。

「見而不立」就是不依藉外物，完全以內在體驗的方式傳遞。所有的宗教到最後都會逐漸墮落，那就是因爲這些宗教將內在的體驗、或是經典、聖經等寫的東西視爲眞理。這種狀況會讓人產生堅固的固著狀態，這個非常危險！當我們把所見、所體驗的當成眞理，這就是「見而立」，當我們把這些「立」起來時，就會開始衍生問題：「我的體驗是不是眞的？」我們的體驗是眞的嗎？是！但那不會是全部的眞理，那只是撇見眞理的一瞬間。如果我們將這些部分眞理視爲眞理本身，這種狀況所衍生的偏執就會讓人難以跳脫。

佛經中有一句很重要的話：「知見立見是爲無明本」。當我們知道、見到，當我們有了體驗，有了見解，我們就將這些體驗見解下了定論，這就是一切無明的根本。

當一個人不把自己的體驗到的部分眞理視爲全部眞理，他才有成長進步的空間，他的眼睛也才容得了他人。我們得讓自己「見而不立」！

悲智雙運

當一個人能夠「見而不立」，他只是將進入感動、完成感動的心得當成那一片刻的體驗，長久實踐下來，他就容易在「無念」的狀態中。當一個人的念頭越來越少，他的大腦可以類似量子電腦運作的方式進行運作，他也就不會落入某種特定的設定程式裡。當你十字打開，進入感動時，你與萬物一體，你對宇宙本源有所感恩，你對天下萬物也可以升起悲心，這時你是在高維的狀態，你能夠結合你真正的慈悲與智慧，來幫助天下需要幫助的眾生，最終完成感動。

這些是蓮師八變的前面五個過程，後面的「做獅子吼」、「樂空不二」、「忿尊降魔」這些境界，這是昇維後才會有的體驗，或許我們以後還會有機會來談談這個部分。總而言之，宇宙就是人生，「蓮師八變」就是你人生修煉成就的八個階段。

無礙清淨慧，

皆由禪定生。

外離相為禪，

內不亂為定。

心 • 驛站

🍃 讓自己昇維像個王者，位在較高視野看待外在發生的一切，但不去主宰這些發生的始末。

🍃 當我們離本源越來越遠，我們呈現的一切就只會往更混亂、更分裂的低維方向演變。

🍃 當我們知道、見到，當我們有了體驗，有了見解，我們就將這些體驗見解下了定論，這就是一切無明的根本。

二路：解除設定；進入感動、完成感動

關於完成感動與解除設定這部分，我們在「情緒能量維度」與「心念定位與解碼」的單元裡已進行說明。

解除設定

設定是潛意識的作用，它遠比大腦思考的執行程式來的強大，如果不能徹底的解除潛意識裡的設定，那麼命運就很難僅由頭腦的理解來改變。

頭腦的設定會自動安排你接近什麼樣的人、遇到什麼樣的事，這與《祕密》、《吸引力法則》等書中所提到的概念相似。頭腦所記錄下來的創傷情境，會自動幫我們安排所有的人生歷程。也就是說，凡是發生在我們身上的任何事，都是老天爺要送給我們的禮物。但如果因為腦袋的設定和雜念，使你無法放鬆、無法感受當下周遭正在發生的人事物…，那麼你就會錯失、自動掩蓋、篩選掉很多珍貴的人生體驗，例如：你無法感受到先生送花的心意，因為你還停留在昨天的氣頭上。

因此這裡的「設定」指的是在頭腦裡的設定，不管你是否意識到它的存在，它仍會一直以語言、聲音、文字、圖像等各種形式存在，並且形成你的命運與生活上的困境，帶給你痛苦、不幸或疾病，讓你成為頭腦思想的奴隸。唯有「解除設定」才是徹底地讓生命自由之道。

針對人生痛苦產生的根源，是源自於人類的「四個原始設定」，這也是我對生命的第一個假說。

在人生這場遊戲裡，地球是一所學校、一個遊戲場，每個人都是一起來地球重新學習的亙古古佛，我們要在這裡重新體驗我們的靈魂全都是來自於宇宙本源（Oneness），為了體驗這個一體的狀態，靈魂選擇了各自分裂為不同的個體來相互提醒、互動與學習，以共同完成這場神聖的靈魂遊戲。在這場遊戲中，靈魂們共同創造了幾項遊戲規則與原始設定。

第一個原始設定：「斷裂」的假象

宇宙在地球這個維度空間創造與一體斷裂的假象，這個假象令每個個體無緣由地恐懼自我會消失而感到痛苦，藉以推動個體體驗生活中的各種創造，以及體驗生命本身。

第二個原始設定：「對象化的創造」創造萬事萬物及無數的可能

宇宙允許有無數的可能性，這個無數的可能令每個個體之間產生對象化，我們清楚的區分你與我，而形成他人的存在可能導致自己消失的恐懼，進而教導個體體驗。在這原始設定裡，我們忘記了你本是我、我本就是你，我們本是一體。

第三個原始設定：以消極方式抵抗，或以積極方式的攻擊傷害他人

因為人類將你我對象化的恐懼，造成人與人之間的戰爭、女人之間的爭奪或是男人之間的仇殺等，這些形成痛苦的基本模式，即你非我、我亦非你，為了生存只好除掉或傷害對方。

第四個原始設定：與受你傷害之人有相同的體驗，來為自己曾做過的付出代價

人們因爲脫離了一體感、在區分你我且互相攻擊對方時，對方所受的驚恐情景與情緒，會深深地烙印在施暴者的腦海中，這種腦海中的烙印就是「設定」，這設定會導致在日後某個片刻，靈魂層次就會安排施暴者經歷同樣的場景，以體會與受暴者相同的受傷經驗，藉以回到一體感之中。每個人都可以試想：「我現在受的苦，就是我曾經對別人做過的！」，這樣就可以感覺到彷彿人生又開了一扇窗。

這四個基本原始設定，衍生出我們人類許多不同類型的課題，也導致人生產生痛苦、不幸與疾病。除非我們能夠看見並且解除這些原始設定，我們才有可能跳脫這些設定的囚牢，重新回到本源一體的狀態裡。

自乾健，

百憂消。

在婆婆世界，小心瑣瑣志窮

進入感動 完成感動

我們在每一個存在的霎那就只有兩個可能：在感動中，或者不在感動中；在本心中，或者不在本心中；你是真妄和合，還是妄心在作用？

因為我們是在有肉體的生命中，所以一定會有妄心，但重要的是：你有沒有真妄和合！你此時此刻是否是在真心的狀態中？你是否融入本源與宇宙一起共振。

當我們能夠將所有都放下，我們就能夠進入一體感之中，並且透過大我的能量，與宇宙本源產生連結，那個關係就像是一台電腦連接到國際網路的關係一樣，今天我們說的任何一句話，不是我們在說，而是一個大我藉由我們的生命流露出來的，這時我們就像是宇宙的傀儡，宇宙本源的大愛、大能是超乎我們這個身體傀儡可以控制、耍弄的幾千萬倍。當我們在某些片刻進入一體感動之時，就像是一滴水進入了大海一樣，當我們的十字打開，融入本源，此刻的我們就與宇宙一同共振、一同創生。

大學：格物、致知、誠意、正心、修身、齊家、治國、平天下

格物：

何謂格物？格物就是事情如何，就如實地就是如何。你看到一個滑鼠，就是滑鼠，花就是花，竹子就是竹子，這就是格物。你說：「這不是廢話嗎？」不！人總是在扭曲事實，無法如實地「如是」。例如：明明是單純的男女感情關係，你總是得將孩子、金錢、家族等複雜的因素摻雜進入兩人的感情與分合。什麼是單純的感情關係？例如：兩人是否在一起，只就兩人

是否相愛而決定，而沒有其他的顧慮與藉口。這是對象的如實看見。

致知：

致知就是當你看到滑鼠是滑鼠，你就對它有了一個沒有受污染的了解，這就叫做致知。能達到看見感情關係一點都不複雜，只單純的兩人相愛與否而決定在不在一起的真相，就是致知，也就是意識的如實看見。

誠意：

誠意就是你看到當下這個事件、事物，就只是如實地看見，然後沒有污染的、正確的去認識到它，你對它所產生的並沒有意念的干擾，沒有判斷，沒有好壞與個人的判斷，這就叫誠意，也就是在細微的意念上，對於動機的、細微動心起念的誠實與覺知。

正心：

當我們能在對象上、意識上與意念上如實、不經污染地照見，那麼接下來，如果我們也能在如實照見下，進入一體感之中，這就是正心。正心就是進入明心的狀態，也就是進入感動，在一體感的流動之中。

修身：

再來，當我們能夠正心，我們在一體感之中看見我們個人累世的設定與障礙，並且明白就是這些設定與障礙使我們脫離一體感，進而將這些障礙一體感流動的設定解除，將這些業力消除，這就是修身。修身是什麼？修身就是去除我們因為潛意識設定導致對於我們人生與生命中那些重複的、習慣性的影響。我們身體就是大自然，大自然本來就是圓滿完整運作著，它本

身就是美好的。你只要不干擾它，它絕對會爲你拼到最後一分，最後一秒。例如癌症，癌症的腫瘤也是爲了讓你活下來，因爲它是一個過濾器，將血液中的重金屬離子、髒東西過濾下來，包在腫瘤裡面，身體的最後一刻都還在幫你維持你身體的正常運作，而癌症的腫瘤就是讓你活的更久的手段。所以中國人講的修身是什麼？就是修你這個自我意識的自我內在觀想世界，對你身體所產生的干擾與跟你身體的互動。所以事實上所謂的修身，就是在修掉你內在所有的設定與觀想世界的虛幻影像。一旦你可以把自己搞定了，你就有辦法像一朵花一樣散發著芬芳；像太陽一樣散發著光熱。當太陽自然散發光熱，你自然就會受到他的照耀，除非你躲到陰暗裡頭去。

齊家、治國、平天下：

隨著一方面持續地安住任運於一體感動之中，另一方面層層地解除個人此生與累世的、家族的與全人類的設定的過程中，我們周遭的人，尤其是家人與祖先會先蒙受其利，他們也隨之更能安住於一體的感動之中與漸次的解除設定，這就是齊家之意義。一個團體也等同於一個家。若你要使你的團體向上提昇、擴大感動與解除設定，你一定得從自己的修身做起。搞定一個家或是團體的方法不是要你改變他們，而是你要改變你自己，藉由你的光和熱，使得別人自然而然地被改變。所以當一體的感動一層一層地擴大，同時，設定也一層一層深入地解除，自個人此生累世的、家族的、種族的、全人類的，全宇宙的設定解除下手，

兩路並行（解除設定、完成感動）同時下手之下，很快地你就能眞正的齊家、治國、然後平天下。

就個人與內在宇宙而言，這樣的過程使得這個人完成了我們之爲亙古的古佛在地球上與在宇宙諸多空間的圓滿體驗過程；就人類的世界而言，更多人達到這樣的內在圓滿體驗的成就，人類的世界也就會更加地美好。這就是所謂的成佛，所謂的菩提道與解脫道並修並行並證，它就是一個慢慢擴大、推擴的過程。

心 • 驛站

設定是潛意識的作用，它遠比大腦的執行程式來的強大，如果不能徹底解除潛意識裡的設定，命運就很難僅由頭腦的理解來改變。

在人生這場遊戲裡，地球是一所學校、一個遊戲場，每個人都是來地球重新學習的互古古佛，我們靈魂全來自宇宙本源 (Oneness)。

修身就是去除我們因為潛意識設定導致對於我們人生與生命中那些重複的、習慣性的影響。

用心不對號入座，、說話也是

簡單地表達事實、完整它，

對真心發言，不對眼前局部偏頗的人。

92.
1.
13

在婆婆世界，小心琳琳志窮

三無：無邊接受性、無限誠實性、無餘實踐性

我們在日常生活中是否有進入感動、完成感動，可用「三無-無邊接受性、無限誠實性、無餘表達性」來檢驗。

第一、無邊接受性

我們如果沒有無邊的接受性，是無法進入感動的。如果頭腦還存有那麼多條條框框，還那麼多的懷疑猜忌，我們如何能進入感動？

如果你可以看到自己過去的荒唐，那個過去荒唐的你就已經過去了。

當你只是局部接受的時候，你就還有「我」的存在，你還是有一個「我」在那裡選擇：這個我要，這個我不要；這個我喜歡，這個我不喜歡；這個我可以接受，這個我不可以接受…，這些都是自我在做選擇。

接受的定義就是無條件接受。不是想著：如果他對我好一點，那我就會接受了。不是，不是這樣！所謂接受是沒有條件的，就是接受！當你無邊地接受時，你就很難有個「我」在那裡。而當你可以無邊地接受每一個獨特且多變的當下，這一刻才會無漏失地被經驗，你才可能每一刻穩穩地與存在連結，你才能長處於當下的感動之中。

你現在這一刻坐在這裡，你就是真與空本身，你就只是一個流入，但各位現在還看不到自己是這樣子，這就是思維的工夫還沒有鍛鍊好。

這裡所謂的思維，不是你頭腦的那種跑野馬，這個思

維是要你不斷地看、不斷地看、不斷地看…的那個止觀的工夫。所謂止觀的工夫，就是念頭能夠單一，就叫止。為什麼需要止？因為當你能夠讓念頭停止，你才可能產生覺察，如果你的頭腦一直想、一直想…，你是無法反觀到自己的！所以當你的念頭沒有止，就沒有觀、沒有覺察、也就沒有感動，你要確定你在這裡，你才能夠進入感動，你連你在這裡都無法確定，你又如何能夠進入感動？

這裡所謂的思維，就是當你看到那個黑暗的自己，如果那個黑暗的自己是你看到的，那個黑暗的自己就已經不是你，這個就叫做思維，這種思維的工夫如果能夠鍛練得很好，就叫做善思維，也叫正思維，也就是你的思維能夠如實，用我的語言表達，就是無邊的接受性：確定你在這一個當下！

當你面對恐懼，你就是接受它。撒旦為什麼會存在？那是因為你跟它抗爭，所以它才會存在。什麼是撒旦？撒旦就是自我、撒旦就是制約、撒旦就是恐懼、撒旦就是設定、撒旦就是頭腦，它是讓你在這個地球上有事情做的，是讓你有事情玩的。我們在這個人世間看什麼不順眼，我們就會進入那個課題的學習過程，這個在我們『人生動力療法』中稱為「不敬自懲」，直到有一天你會突然發現：原來撒旦根本沒有任何的實體，撒旦的存在只是一種幻象，而我創造這種幻象，好讓我體會原來上帝就在我的心裡，而也終有一天，我可以跟上帝合一，甚至如果我好好地昇維，我們就可以融入宇宙，與宇宙共頻。告訴各位一個驚人的事實：這個宇宙最有趣的地方就是祂也還在

不斷地創造當中，而這宇宙也正透過各位產生新的可能。

第二、無限誠實性

一旦你能夠無邊地接受眼前的恐懼後，你還得以你的誠實來面對它。通常它之所以會成為你的恐懼，是因為你有好壞、善惡的區分，而你將你不要的那個部份壓抑，你擔心別人看到你也有這個你認為不好的部分，但是它回來找你了！這個壓抑的感受經過日積月累，它形成一個大的、像滾雪球一樣的東西，只要任何會勾起那些被你壓抑的東西的特殊狀況出現時，那些你不願看見，或不想被它人看見的東西就會重現，它就成為你一個很大的困擾、痛苦、不幸，甚至形成疾病。

不要再陷在過去的窠臼裡面，不要再陷在舊有的架構當中，當下是沒有架構的。從這一刻開始，就是嶄新的一刻，當然你也可能在這嶄新的一刻，依然活得跟過去一樣，但是我希望你們能夠明白一件事：現在這一刻，是你僅有的存在！

無限誠實性是指對於這一刻的發生，我誠實的面對我的恐懼與不堪，並且願意放下所有的好惡與判斷，我接受並且誠實面對我現在的樣子，你對於自己的一切沒有選擇、你沒有批判的去面對與接受。從根本而言，沒有人不在整體之中，也就是沒有人的心不在一體感之中，當感動出現的時候，敞開自己，毫無藉口的接受一切，藉由感動，重回自己與自己內在本性的連結，重回這宇宙的一體感中，這就是「道」。

第三、無餘實踐性

無餘實踐性就是當我們在進入感動、完成感動的過程中，不能半途而廢，必須堅持的去完成它。

無餘實踐有一個很重要的關鍵：你必須對一切臣服。當你對一切沒有完全臣服、沒有完全信任、沒有完全虔敬，你內在的感動如何能夠推動你？你又能如何對待你的心？

例如當你牽著行動不便的老奶奶過馬路時，你不能因為他人的閒言閒語，就將老奶奶牽到半路就將她放生，你完成感動的行動力，不能因為他人的干擾就受到動搖，這個進入感動後的行動，是你當下的真心所發動的，它真摯且神聖，你只是去完成你心中的神聖，與他人無關；如果我們輕易受他人左右，無法無餘地實踐它，我們也就無法有任何心得，也就無法體驗到「光」，當然也就沒有辦法完成感動，所以「沒有餘地的實踐性」是完成感動很重要的關鍵。

我們可以在日常生活中進入感動、完成感動的過程中以「三無」去檢驗，從很小的完成感動，到很大的完成感動，都可以用這「三無」來檢驗。

四大信任文

我今自心生起大信任
信任內有自明之本性

我今自心生起大信任
信任外有自然之真如

我今自心生起大信任
信任中有一體感動之真心

我今自心生起大信任
信任事事皆有奧秘完美之安排

我今立得大休息
無為順流
從容中道

我今立得大作為
進入一體感動
完成感動即與天地參

我們的心輪在感動狀態中會熱熱的，姑且也可稱之為「真心」或「良心」。當我們在進入感動、完成感動中十字打開後就能夠升起這四大信任，這四大信任文的目的就是要讓我們更能夠內外貫通，並且穩定在感動的狀態裡。如果我們無法肯定自己內心裏面有那個溫暖的真心，如何能夠感動？

談到「信」這部分可能會一點弔詭。我們可能曾聽過某人因為信了某個宗教後，就可以搭一根蘆葦渡江，旁人只是隨口說說，但他信以為真並且真的就可以輕易渡江，就是「信」。我們這裡談的這個「信」是我們需要對於非地球維度、或是無形維度的一種相信，我們可以透過不斷解除設定，讓自己到達到9分、10分的狀態；我們可以因為「信」，瞬間從低維度拉到高維。

「信」很重要，但是問題是：我們到底要信什麼？

這四大信任文的「信」，不是要我們信某個教主，不是要我們信某些教條，不是要我們信某種教相；四大信任文理頭的這個「信」是原本就在我們生命本質裡頭的東西，孟子曾說：「仁者以天地萬物為一體」，孟子講的就是四大信任文的狀態。

或許你曾經聽過戴尼提技術(Dianetics)，戴尼提技術是一個名為M星的地方毀滅以後，將其教法傳到地球的一種技術。戴尼提技術有提到這個方法傳承的故事，這個我是可以相信的，因為很多教法與技術都來到地球了。又例如傳言瑪莉亞處女生子，佛陀是從他媽媽的胳肢窩生出來，這都違反地球的生物學。但在高維世界這是可能的，那些傳聞說的並不是地球維度的事件，而是高維度的發生。很多神學家和科學家一直想證明瑪莉亞是處女生子，或想證明佛陀是從他媽媽胳肢窩生出來，這就是鎖定錯誤方向，因為這傳聞講的是高維的現象，而不是低維的事件，它不在我們這個地球維度的物理化學或科學的邏輯世界裡。

姑且不論及宇宙高維的狀態，就我們身為一個單獨本體若要進入感動、完成感動，這四大信任文的內容相對而言是比較容易一些的，因為沒有那些虛虛玄玄的故事與神話。

我今自心生起大信任　，信任內有自明之本性

所謂的內自明，就是你要相信你內在的精神是亙古永恆，祂來自宇宙本源，祂是創造一切，也是收回毀滅這一切的，祂所呈現的也就是一股令人感動的精神。

我們每個人的本性與佛無異，我們都有自明的本性。只是這個本性被創傷或設定給掩蓋，讓我們看不到祂就在我們裡頭，但是當我們在日常生活中進入感動、完成感動時，我們內在自明的本性就特別容易被彰顯，我們也就比較容易看到我們內在神聖的光。

我今自心生起大信任　，信任外有自然之真如

所謂外自然，就是指你的身體是大自然的一部份，祂是那麼奧秘、奧妙，令人如此驚奇，我們的小身體就是宇宙這個大身體的縮小版，祂永遠是那麼的奧妙，讓人永遠研究不完。

我們外在的這個大自然也是流動的，是活潑潑的，它瞬息萬變，這也是宇宙真實的樣貌，這一切都在宇宙的掌握當中，只要去觀看Discovery或動物星球的類似頻道，我們就能相信地球的造化根本就是神蹟，只要我們能夠對宇宙這巨大能量的安排起一個深深的信任，我們就可與我們身外的這個大自然融為一體。

我今自心生起大信任 ，信任中有一體感動之真心

所謂中有真心，就是每個人都具有一顆真心，這個心的位子就在我們的心輪，這顆心與人為善，能夠進入感動，能夠跟人共鳴、共振。宋明理學家說孟子將孔子之道傳承開展出來「十字打開，更無隱遁」。 我們每個人的心中的這個真心如果能夠打開，就能與他人或大自然進入一體的感動。

孟子講：「學問之道無他，求其放心而已矣。」何謂「放心」？就是指曾被你放失掉的真心。孟子說學問的根本沒有什麼其他可說的，就只是把你這一刻放掉的真心、本心，把你當下放掉的這個感動給找回來，如此而已。

我今自心生起大信任 ，信任事事皆有奧秘完美之安排

我們每一個人來到這個地球都有安排要學習的功課，我們要知道這是我們在地球上的一段旅程，這一段旅程需要我們好好的體驗，但是不要太過於嚴肅，這沒有什麼大不了的，不要把自己的架構放大，然後把別人的問題還給他人，並且明白除了你的感動、除了你對自己的覺察、除了你的愛、你的精神以外，其他的東西都帶不走，如此，你就真的能夠放下，信任這一切都是在宇宙特別為我們量身訂製的一套學習課程，相信這一切都是最完美，也是最奧秘的安排。

這樣的信任並不需要你得燒多少紙錢、拜多少佛、燒多少香、蓋多少廟、要做哪個和尚的功德主、或是你

要幫助哪個教堂；這樣的信任就只是當下對這四個本質性的特性起一個最大的信任，就可以讓你的一切得以扭轉，而這樣的一個扭轉，是凡夫跟佛之間的一個扭轉；你沒有翻轉前叫做無明生死苦海，你翻轉後叫做後得智。

所謂的後得智，也就是指你自生活中的體驗得到心得後升起的智慧。你在生活中的體驗通常是從一個侷限的設定裏面去體驗的，但是只要你對這四大特性起一個信任，那些原先你認為是煩惱、障礙、無明、痛、災難、創傷的種種設定，就會翻轉而成為你的資糧，這是你要走長遠的路所需的糧草；這個後得智的資糧，是出自於你生命的那個禁地，出自於你的蓮花池裡面那個最髒的泥土，而從這個最髒的泥土可以長出最美的蓮花，還不是其他地方的泥土可以長出最美的蓮花，它必須是來自你的那個禁地、最骯髒、你最抗拒、你最黑暗、你最不願進去的那個地方，你若能以它作為土壤，你就能夠真正的開出最美麗的花，你的生命就得以翻轉。

你需要對這四個起最大的信任，如果你信得起自己就是如此的本質，你本身就是一個宇宙的大我、大氣的存在。如果你信得起自己內在有這三個大本性，你也知道事事皆有奧秘完美之安排，你就可以時時刻刻活在感動當中，如果你有這種信任、你有這種態度的話，那你本身就會活在這種太平盛世裡頭，每一刻都可以過得很好，隨時都可以跟宇宙的大我合而為一。

在前面這些說明裡，如果各位真的看到了，那你就會知道這是真相，如果你們看不到，建議各位要有耐心一些，只要在日常生活中持續進入感動、完成感動實踐它，並經常以「三無」檢視自己的狀態，不久後你們可能就能夠信得起"事事皆有奧秘完美的安排"。曾有句話說：上帝幫你關了一道門，也會為你開一扇窗。我們現在還得不到，那是因為現在的我們還不適合，因為我們才剛上路，還需有更多的體驗與實踐心得的累積。

生活中的提醒

信任一有對象就不是信任
因為那是對於對象的期待
而這個期待也連上因你的恐懼而要對方許下的
承諾

再者，所有的承諾都是假的
因為，這一刻是變動的……
承諾，是反流動的
所以是假的

承諾的唯一功能就是被用來打破的
一開始，撐，再撐，撐到不能撐…
只是遲早的問題

真正的信任就只有四大信任
除了四大信任之外
其他的信任
都是恐懼的變型

每個錯誤都在完備你的不足，警戒你的錯，至少能讓你在反省後更堅定對整任的信心。

在婆婆世界，小心瑱瑱志窮

心・驛站

撒旦就是自我、制約、恐懼、設定、頭腦，它是讓你在這個地球上有玩不完的遊戲，它沒有任何實體，它的存在只是一種幻象。

無限誠實性就是對於這一刻的發生，願意放下所有的好惡與判斷，誠實面對自己的恐懼與不堪，誠實面對與接受現在的樣子。

無餘實踐性：進入感動後的行動，是你當下的真心所發動的，它真摯且神聖，你只是去完成你心中的神聖，與他人無關。

第二單元 道在生活中的實踐

上文我們談論「道」的本質就是「德」,而「德」的核心操練方式爲:一道、二路、三無、四大信任文。若要將「道」落實到我們身爲人的關係狀態裡,我們就得從人類生活中的「位」做起。

五尊 - 天地王親師

我們要如何將「道」落實在這些人際關係中。首先要先談人類生活中的「五尊」:天、地、王、親、師。

一個人如果能夠穩定在「道」的本質(德)中,也就能夠穩定在感動狀態裡,他面對天、面對地、面對國家領導人(指的是如周文王等有「德」的領導人,而非指獨裁領導者)、面對父母、面對老師,就會有感恩心,因爲他知道沒有這些人就不會有現在的他,沒有這些人的精神引領、沒有地球的滋養、沒有好的國家領導人、沒有父母、沒有老師,沒有這些人對他的敎養,怎麼可能成爲現在的他。所以一個在感動狀態中的人面對這五尊-天地王親師,都會懷著感恩之心。

五尊中的「天」

五尊中的「天」是什麼?這裡的「天」指的就是高維世界,比地球還高維的就是天。我們從能量情緒維度等級來看,這些高維的人群經常在感動、喜悅、自我操練、利他、願力、慈悲的狀態裡,他們的能量等級都是5分以上。

五尊中的「地」

五尊中的「地」指的就是地球上的一切，包括你所需要的能量。太陽能量經過地球的植物消化吸收後，在提供成為地球動物的食物，這些都是太陽能量透過地球的各種管道，包括各種穀類、水果、蔬菜、魚肉等等滋養我們，就像媽媽的乳汁提供這些養分能量滋養我們一樣。

五尊中的「王」

五尊中的「王」也是我們中華文化傳統中對於處於領導地位者的尊敬與看重的一種稱呼。有人也稱他們為「父母官」，這個比較屬於人格層面的部分。易經也提到「天大、地大、人大」，「人大」的意思是指一個國家地方的有「德」領導者，他的位置與天地並列三大，他們跟天地一樣，所以也稱之為「王」。「王」就是王字中間那一豎，可以貫穿天(王的上面一橫)與地(王的下面一橫)，可以與天地協同合作，所以有天大、地大、人大之說，這是我們文化對一個領導者的期待，這也是聖王思想，但歷史上真正能夠做到的沒幾個。

「王」以中華文化而言，就是「王道文化」。這裡的王道並不是霸道的對立面，王道指的是一個人透過誠懇的成長，累積他生活體驗的心得與德性，然後貫穿天人地三個領域，這就稱為王者，這樣的一條文化的道路，就稱為王道！

老子也提四大：天大、地大、道大、王亦大。為何老子特別將「王」點出來？因為在這四個大的境界中，

並沒有什麼誰贏誰輸，他們都是一種大氣，一種精神，都是一種磅礴、遼闊、崇高的存在狀態，有一種可以感染與令人感動的精神，祂/他們都已經具有這種本質性相同的特性，但是這其中的「王」更令人動容！因為他並不是原本的"大"，但是到最後他將內在"大"的本質，通過生活的實踐與精神的淬煉後，讓內在的光輝從一個小小的人裡面彰顯出一種永恆的精神！因此，「王」比其他三個"大"更令人動容！所以佛陀也是中華文化定義的王者，耶穌也是中華文化定義的王者！因為他們已經活出一個終極的精神、終極的"大"！

五尊中的「親」

五尊的「親」就是指父母。我們中國人重視孝道，父母是縮小的天與地。父親可為我們帶來人生價值的反省，也代表了人生的意義與價值；母親則可以為我們帶來有形的依靠，也代表人生物質的條件。

五尊中的「師」

五尊中的「師」就是在各個領域的老師，包括人格、技藝工匠、經商、藝術…等等領域的老師，這些老師願意把畢生所學傳給我們，讓我們可以站在巨人的肩膀上看見與學習，不用自己一直撞牆摸索。這些老師對我們的人生很重要，老師可以讓我們少走冤枉路，又可以把我們拉高格局、接觸不同的人際圈，所以「就良師」很重要。

以道立天下，其鬼不神；非其鬼不神也，其神不傷人也。非其神不傷人也，聖人亦不傷也，夫兩不相傷，故德交歸焉。

老子

在婆婆世界，小心瑣瑣志窮

六和 - 自己（誠）、王臣（忠）、父子（孝）、兄弟（讓）、夫婦（實）、朋友（信）

「六」和中的「六」是指六種關係，「和」就是指和解。「六和」就是指我們與六種關係的和解方式。

自己（誠）

六合首要就是對自己誠實。如果我們連對自己都無法誠實，我們這個單獨的主體就失去根基、無法存在，更無法開展 5 分以上的維度世界。

王陽明說：「無聲無臭獨知時 此是乾坤萬有基」這裡說的沒有聲音，也沒有味覺，他講的不是沒有，而是指這種體會已經深入到除了你自己知道，沒有其他人能夠知道的狀態。

我們之前提到我們的夢有時好像真，但在現實中的感覺又有點像幻，似幻似真，我們體驗的到底是真？還是幻？其實這取決於一種「確定感」，這種確定感就是「你知道是」，而且經過很久後你還是知道它是，那它就是真的，你在那一刻沒有懷疑，縱使想要起一個念頭去懷疑它，你也知道這個懷疑是假的，那它就是真的。

當我們是單獨的主體，在你確定它是真的時候，它就會展現成為一個天地，這就是無聲無臭獨知時，此是乾坤萬有基。人類生活中的六和，跟自己和解方式就是對自己誠實，然後才能跟他人進入一體感中。

但行本色直心，不隨境起愛憎

是大有力人，是大丈夫。

在婆婆世界，小心境隨念轉

王臣（忠）

在王臣關係中，你(臣)跟你的老闆(王、領導人)進入一體感的方法就是「忠」。「忠」就是你在執行任務時能夠進入感動、完成感動，不是拿錢辦事而已。

老闆有三類型：第一種是在生存脈落壓榨你；第二種可以讓你在你的領域中發揮才能；第三種就是他開展一個可以讓你追隨的格局，你因而提升生命的高度。

第一種老闆喜歡壓榨員工，或讓員工之間進行鬥爭，而老闆就只是在旁邊看著。例如某大醫院讓他的外科一部與外科二部互相做業績競爭，讓員工彼此互相廝殺，自己享漁翁得利。就是○○醫院的管理方法。

第二種老闆則是願意提供員工應有的福利，也提供優質的工作環境讓員工可以善盡其才。這樣的老闆已經不錯了。

另外還有一種老闆他開展了一個讓我們可以追隨的格局。例如蔡崇信原本在華爾街擁有一百萬的年薪，職位也很高，但他卻選擇追隨馬雲，每個月只有500塊人民幣的月薪，並與馬雲一起睡在馬雲家的地板上，他圖的是什麼？這是因為蔡先生看到了美國互聯網的發展模式，他知道這模式在中國的量體一定會被看見，因此他選擇了跟馬雲一起創業。幫他做財務與募資，這一馬一蔡因此成就了阿里巴巴在中國的格局。

父子（孝）

在中國典籍《論語》談過很多關於「孝」的內容，究竟什麼是「孝」？孝道就是在尊重、尊敬的前提下，盡所有能力做一切能做的，這就是孝。在生活中盡力、盡孝，就是真正的成人。

在談「孝」之前，我們必須再次強調在所有的關係裡，有一個很重要的要點就是：你必須認清自己就是一個單獨的主體。如果我們沒有認清自己是一個單獨的主體，我們就很容易跟別人攪混在一起，例如父母會把自己沒有完成的心願交給孩子，期望他們能夠完成它，這樣的現象總是發生我們東方傳統的家庭中，並且視為正常，父母因為自己未能達成某個期望而感到痛苦，因此就將這個期望加諸在孩子身上，覺得孩子如果沒有達到也會跟自己一樣痛苦，並且將這樣的壓迫視為理所當然，父母與孩子間就一直以這樣的模式互相侵害。

我曾看過一個訊息：有位天才十幾歲就從博士班畢業，他當初對於一直被要求越級取得學位覺得很痛苦，當時他父母以條件交換的方式承諾他只要完成博士學位後，就會在北京幫他買一套房子，每天也會提供他生活費用。這個天才就在他完成博士學位後直接躺平，不工作也不出門。他覺得自己在北京有一棟房子與每月父母供應的生活費就可以讓他下半輩子無憂無慮過生活，他的父母覺得很無奈，孩子完成了父母的心願，但這父母與孩子的人生從此就會過得好嗎？

我大女兒出生的時候，那是大年初二，當我趕到醫院看到我大女兒時，當時感受到排山倒海的愛突然湧現，好像那一刻我為她死都可在所不惜，願意給她我擁有的一切。這個感受是我自己幻想出來的嗎？不是！那是在那瞬間就產生的一種巨大的一體感動，那是對自己骨肉油然而生的情感，這也像是小牛對母牛那般的孺慕之情，這都是自然發生的。這種狀況也會發生在其他哺乳類動物身上，他們對自己孩子的愛與保護也是天然的。這種天倫之愛就是在感動中完成感動的。

我們在對父母盡孝這個事情，也是需要從感動出發。面對父親如正視著上天，我們錯誤地以為上天只是公義的、高巍的、獨立的，卻忘記另一個融入天的要訣：接納老父、自己、與世間的軟弱與殘缺。因為射向高頻宇宙的這股陽剛的力量，它的終點就是這個平庸、軟弱與殘缺的每一個生命。立地而朝天，這就是生命的真實寫照與圓滿。

兄弟（讓）

手足關係有一個重要原則，就是「讓」。最笨、也最悲慘的手足關係就是跟手足們一起爭財產，那會讓你一輩子不安寧。如果你的手足想要跟你爭父母的遺產，你就都給他們，你需要的錢可以自己賺，這會讓你一輩子清靜，至少他們看到你都會和顏悅色；做子女最沒骨氣的就是爭遺產，有些甚至爭遺產鬧到連爸爸媽媽都沒有辦法下葬的悲慘狀況。

如果我們真的有足夠的智慧，就會讓自己遠離這些糾纏的關係，會讓自己與手足間保持「美麗的距離」。這個美麗的距離在手足之間就是「讓」，如此的關係會讓我們一輩子都很輕鬆自在，否則，我們可能隨時會因為與他們之間的一些小事搞得雞飛狗跳，這樣如何能提升自己的維度？

夫婦（賓）

一對夫婦在進入感動、完成感動的狀態中，他們對待彼此的方式會是「相敬如賓」。夫妻兩人每天在一起的時間若太長，就會忘記彼此都是單獨的主體，然後就開始有了抱怨，一旦有了小孩這種狀況更容易發生，我們都忘了其實這些事本來就應該自己完成的。

之前有一位大約三十幾歲的女性，她因車禍昏迷呈現植物人狀態，這位女性植物人的父母請我們幫他孩子做治療，我就前往他家拜訪，在拜訪過程中，這位植物人的先生一直挑三揀四，當時我就明白這個老公不希望他老婆醒過來，合理的猜測可能是外面有女人，因為他太太呈現植物人狀態已經一兩年了，這位有錢的老公外面應該有女人，因此不想讓他老婆醒過來，這樣的夫妻關係其實很悲哀。

朋友（信）

當我們在進入感動、完成感動的狀態中，落在朋友關係裡就是「信」。「信」是什麼？人言為「信」，但這並非意味著朋友說的我們全都要「信」，這個「信」需要我們慢慢的觀察。

我之前認識一位朋友，基本上他沒有通過我的考核，沒有通過我考核要接近我是很難的。幾天前他說他爸爸得了癌症很痛苦，我想既然他都提了就幫他看一下他父親的狀況，當天他順便帶了他朋友要跟我談某個台灣博士的癌症療法，並且想進一步談合作。我當時回應他：這療法我都還沒有瞭解清楚，這像是還沒談戀愛就想要結婚，這真的是言之過早了。朋友之間需要先建立信任，才可能會有後續的發生。

一個朋友沒有相處過三年以上，可以說是朋友嗎？沒有歲月的考驗跟蛻變，什麼關係可以被確立？就像閃婚就是痛苦的開始一樣。密宗的師父在尋找弟子都得觀察十二年，這個弟子通過十二年的考核後才能開始成為弟子，他們從來不會隨便收弟子；同樣地，朋友「信」也需要經過考核，朋友說的承諾他做到了，我說的承諾我也做到了，這兩個人相處起來就很自在，這就是「信」。有些人總是說大話，但總是言而無信，這樣的朋友在一起相處就會有許多問題出現。

以上六個「和」，就是六種關係合為一體、彼此和解的方式。

即時露地 ＝ 萬古風景，剎時覺悟，

還得本心 ＝ 本來面目，一片光明。

本土用心全是路──只因有夢未醒

七格 - 個體人、家庭人、種族人、社會人、國家人、世界人、宇宙人

進入感動、完成感動的核心操練也需落實於人類生活中的七格:個體人、家庭人、種族人、社會人、國家人、世界人、宇宙人。

當我們在生活中實踐感動時,會有七種位格狀況。這七位格就是我們在不同的時空背景底下的七種定位。除了儒家提過的君臣、父子、夫婦、兄弟、朋友這五倫之外,紀剛先生認為當代的中國人應加上七位格來做生活中實踐的定位。我們在七種不同的時空脈絡中,需要清楚地定位自己,才不致於錯亂。舉例來說:如果我們出國遊玩時隨意丟垃圾,當地人不會記得你,他們只記得你這個人所代表的國家,在那個時空脈絡下我們就是國家人,而不是個體人。

當這七種位格都能清楚定位了,我們的行為方能得體,沒有偏差。這七位格的定位、發動與完成,也是進入感動、完成感動的具體體現。

個體人比較好理解,例如當我在單獨時,我照顧好我自己的身心,我即完成了個體人。

當我和家人相處時,例如上述提到的我們讓出父母留下的遺產來跳出手足的財產紛爭,這時我即完成了家庭人。

至於社會人:當我們在這社會上的行為都能夠奉公守法,與社會上的群體能互相協助共同完成自己在社會上的任務,我們也就完成了社會人。

關於種族或國家人,需要高維的文化主體作支撐,這

個種族或國家才不至於淪陷在生存脈絡，即時面對種族及國家存亡之際，我們的捐款或上戰場，在那當下我們也就完成了種族人及國家人。

「世界人」就是One World。若我們能重視地球生態，願意少吃肉、多綠色環保，也就完成了世界人。

事實上，這世界的各種族或國家，都是依該地區的文化背景來提供人們自省與昇維，若各地區或種族都能跳脫生存脈絡思維，達到彼此互助互愛的生活脈絡，這也就是《禮記⃝禮運》中所說的大同世界的境界。

其實我的未來有個理想，那就是全球民族大混種。首先，我覺得青年應該被鼓勵環遊世界，如果這些青年人生了孩子，包括那些混血孩童，在他們不懂得如何撫養小孩的狀況下，也可以考慮由社區或國家中合格的人們來共同撫養，在這樣的一個大社區裡，每個人都盡自己的責任或能力，共同為某種高維的理念或目標一起努力，不分顏色或種族大家都可以和睦相處，這個世界的戰爭就可以減少，這個世界也可以變得更美好。

關於宇宙人，若要嚴格定義宇宙人，目前大概只有馬斯克跟他參與火星計劃的夥伴可以說自己是宇宙人，因為他已經從地球到火星了，雖然我們無法像他這樣，但我們還是可以在進入感動、完成感動下心懷宇宙，所以在那當下我們也可以是宇宙人。

成為「宇宙人」的胸懷就是以宇宙的視野來看待我們這個生命，積德行善，效法天地精神，以進入感動、完成感動的方式十字打開，在這樣的狀態下我們也就完成了宇宙人。

心・驛站

⚘ 「王」者就是通過生活的實踐與精神的淬煉後，讓內在的光輝從一個小小的人裡面彰顯出一種永恆精神的實踐者！

⚘ 六合首要須對自己誠實。如果我們連自己都無法誠實，我們這個單獨的主體就會失去根基、無法存在，更無法開展高維度的世界。

⚘ 以宇宙的視野來看待我們這個生命，積德行善，效法天地精神，以進入感動、完成感動的方式將我們的十字打開。

禮運大同篇

大道之行也天下為公選
賢與能講信修睦故人
不獨親其親不獨子其
子使老有所終壯有
所用幼有所長矜寡
孤獨廢疾者皆有所
養男有分女有歸貨
惡其棄於地也不必藏人
己力惡其不出于身也不必為己
是故謀閉而不興盜竊亂賊而
不作故外戶而不閉是謂

大同

元旦於三藩市老人中心

第三卷 十字打開的昇維與技術

第一單元 結合東西方的十字打開來利益眾生

人格(貫)與人權(縱)，結合東西方「十字打開」

當我們進入感動、完成感動時，那是一個從低維到高維的垂直貫線，這比較屬於東方的。西方帶給我們的則是以縱向、橫向的打開。這種縱向科學方法，可以放在低維中以船堅砲利去侵佔、掠奪別人，也可以放在高維狀態如願力與利益眾生上來服務人類。

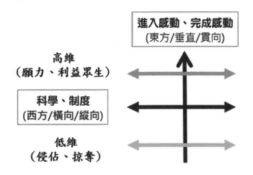

現在西方縱向發展已經進入另一個時代了。Open AI最近展示它的能力，例如：我將這個課的資料餵它，Open AI 就可以形成另外一個我的智能分身，未來如果有人想了解昇維方法，我的智能分身就可在Open AI上用跟學習者對話；又例如有人在Open AI的昇維方法裡頭問：我現在感情狀態不好，我男朋友打我，我現在該怎麼辦？我的智能分身就可以在Open AI提出建議：依據昇維方法，你現在的狀況分數是多少，應該做以下的處置：第一，向警察局報案；第二，找最近的昇維師師或人生動力排列師幫你

，下列有他們聯絡的方式⋯等等(聯絡方式在本書最終頁，可掃碼QR code後進入昇維法群組中詢問)。在 Open AI 裡還可以依提問的類型轉換成我的其他智能分身，例如：感情模式、導師模式、朋友模式、醫師模式等等。這些 Open AI 目前都可以做到了。

除了昇維方法的智能分身，我們在Open AI裡頭還可以有我的醫療智能分身。例如我們將我的五大療法輸進Open AI資料庫，如果有人喉嚨痛，想知道若依照黃鼎殷醫師的五大療法原理可以如何處理？我的醫療智能分身就可以在Open AI裡頭與使用者進行諮詢，並且進一步建議可以如何處理，或許隔了1個小時後又會再問剛才提問者：你有依照建議做了嗎？為什麼沒有做？你的困難點在哪裡？我還可以提供你哪方面的協助⋯？現在科技已經進步到隨時可以有一個智能分身照顧我們的生活，很多人就無需重複做相同的事，可將時間用在其他利益他人的不同面向上。

如果我們能夠善用西方科學與民主開展出來的縱向，又能夠進入感動、完成感動的核心裡不斷地操練(貫向)，我們也就不斷地在累積心得體驗，當我們完成感動就有「光」，我們不斷在累積我們的「光」，我們就容易穩定地處於高維狀態中，願力慈悲也會讓我們的維度越來越高，這種縱與貫的十字是可以交互輔助，並且帶領我們更往上提升。

這種十字的縱線與貫線的實踐方式，是一個可以服務任何維度的方法架構。如果我們能夠從昇維方法的核心操練，到「德」跟「位」的體驗與實踐，同時加入

西方的民主自由科學，這種縱線與貫線一起交互協同進行，這才是真正的東西方大整合，我們的內心十字打開所展現的能量狀態就會有所不同。西方缺少是昇維的方法(貫)，東方缺少的是昇維以後執行的架構(縱)；當這兩者結合以後，我們將會迎來一個嶄新的時代，地球也將很快的進入下一個維度。

我默默開自己，即使是最深、最大、最喜的奉獻與愛；

我無畏懼地領受，你一刻又一刻的恩典。你是每個

當刻來到我生命的一切。

你是恩典，此時，我沒有自己。

在娑婆世界，小心填填志窮

定維昇維各種世界困境：宗教、政治、商業、主義、貧富...

在昇維方法的步驟中，我們需要先定位個人、家庭、種族、社會、國家、世界的維度，然後再以德的核心操練去累積心得進而昇維，並且同時配合西方的民主自由科學利益眾生，如此一來，我們就能夠解決世界上所有現在的困境。這就是「十字打開」，人格昇維的貫線加上西方人權、民主、科學的縱線就是「十字打開」。

一個人只要活在生存的脈絡，窮只會更窮，或即使你有錢，再怎麼有錢你也不會滿足；那些貪官或毒梟家裡牆壁一打開都是錢，一開始這些錢帶來的強烈刺激感會讓他們很有快感，但是這種快感會消退很快，也會因為產生快感式的激情而消耗能量，能量消耗越多，所需的刺激需求也就越來越大，隨後就成了上癮症，一旦上癮就又得有更大的刺激，如此癮頭就會越來越大。這種癮包括狀態：性上癮、金錢上癮、賭博癮、吸毒癮、購物癮、工作癮等…，那些有工作癮的人也會特別容易猝死的(Type A personality)，這些都是在低維狀態裡，再怎麼做都覺得還不夠，而且不斷需要更大量的刺激，如此循環讓他們感覺越來越麻木空虛。不管有錢沒錢，只要是在低維狀態中，都會是悲劇。

一個在高維狀態裡的人，他的一切覺受，包括快樂、快感、食物、視覺、聲音，所有色聲香味觸，對他而言都只是腦中的electronic signals(電子訊號)。

我們之前提到的顏回不需要飽食的快感，也不需要別人的認同或稱讚，這些名利權情都只是快感的來源。權力就像是春藥，當女人看到有權力的男人，她就覺得生存可以有保障，在她的潛意識中就將權力運作變成春藥，這是落在生存脈絡。就顏回而言，他不需要這些，因為他經常處於高維的快樂裡，即使這些快感偶而出現在他生命中，他也不會上癮，因為他不需要癮頭帶來的快感來支撐他。

曾經有位朋友跟我說我有很容易傻笑的特質。朋友問：你怎麼經常一個人傻笑？其實在高維的狀態中，你不需要特別的東西，你就自然而然的快樂了。在高維的狀態裡，那些快感刺激的東西無法吸引你。當你的進入感動、完成感動的經驗越來越多，你就越容易在感動中，這就是昇維。或許之前有些你迷戀或上癮的東西，但此時對你已經不再具有吸引力了。

對自己而言，所有問題只需要垂直的「貫」，也就是「德」的核心操練與實踐，大部分的問題就可以解決了；但若想幫助別人，就需要橫剖面的「縱」向的協同進行，才能事半功倍。目前社會上也有很多處在高維狀態中的人，他們既富有又慈悲的人，例如香港明星-黎明，他做了非常多的好事，包括參與多項聯合國兒童基金會的大型籌款計劃，包括為八千多萬名中國大陸兒童籌款購買小兒麻痺症疫苗，因而獲列入慈善活動受益人數最多的金氏世界紀錄。

另一位香港藝人古天樂也是默默行事，他曾透過基金會先後在貴州、甘肅、廣西等地協助當地政府建立97

座小學敎學樓或宿舍樓，但他並未對媒體主動宣揚此事，而是陸續有網友在家鄉發現以其命名的小學，粉絲整理建校名單並公佈在社交媒體後才引起熱議，這兩位眞的都不只是善人而已，而且是超大善人。

所以在高維狀態的有錢人會繼續有錢，因爲他們不斷在「利他」，高維會讓貧者不貧，富者更富，他們富有的，不只是物質的富有，而且是身心靈皆富足。

心靈也須呼吸一群空氣，那即是真，一種信息。

嘗試才是人生

心 • 驛站

在高維狀態裡的人，他的一切覺受對他而言都只是腦中的電子訊號，他不需任何癮頭帶來的快感來支撐他，他只是單純的快樂著。

如果我們能夠善用西方科學與民主開展出來的縱向，又能夠進入感動、完成感動的核心裡不斷地操練往貫向提升，讓縱與貫的十字交互輔助，我們就容易穩定地處於高維狀態裡。

第二單元 昇維技術

我們上面提到可藉由在生活中進行「德」的操練（一道、二路、三無、四大信任文）與實踐（五尊、六和、七格）來達到昇維，但有些人會覺得這些操練與實踐技術有其難度，好像有些地方卡住，無法前進。

接下來就要提供大家被卡住時的技術技術。以下這些技術的實際操作技術，皆可尋找就近的昇維員及昇維師來協助各位進行。(聯絡方式請見本書最終頁，可掃碼QR code後進入昇維法群組中詢問)

技術一、危難救急技術

OM 頂戴元任大同。

什麼狀態才能稱為聖人？只要能夠進入感動、完成感動的人，那一刻他就是聖人，例如有一隻狗在人類緊急危難時救了一個人，或是有一隻救了幾百個人的海豚，那隻狗或那條海豚在救人的那一刻就是聖人。所以不管是哪個宗教，或者不是宗教，不管他是人，或不是人；只要是在高維狀態的人類或其他生命體，或者無形無相的，只要願意參與地球昇維的使命任務者，都是元任大同這個集合體的一員，因為他們的目的就是要達到大同世界。所以元任大同不是特定的某個人，而是高維的集合體，當你邀請祂在你的頭頂上，就等同於你戴著祂並與這個高維連結，當你能夠持續且穩定地在這連結中，就會讓你在急難中免除危難。所以「危難救急技術」是最簡單、最有威力、且快速有效的幫助我們與高維連結的技術。

元任大同是我的老師，也等同於是你們的老師，元任大同不是一個人，他是一個擔任昇維地球任務的集合體，只要符合昇維地球任務與使命的高維生命，都是元任大同這個集合體中的一員，而不是只有我在陽明山上的那位老師。

現在傳聞紫微聖人即將出現，很多人也都在尋找預言中的紫微聖人，東西方也有許多預言指出紫微聖人會臨世來帶領我們讓這個世界昇維，也預言他將帶來嶄新的昇維世界。我認為一旦你進入感動、完成感動的那一刻，你就是紫微聖人，不管你是老人、小孩、女人、男人、海豚或是狗，就算一隻動物、一隻海豚都可以是紫微聖人。我們不要把紫微聖人當成一個人，要把祂當一種高維的狀態，這樣的角度可以破除我們對於某個救世主的崇拜跟迷戀，而將力量回歸到我們自己身上。如果真的有紫微聖人，我想祂也會認同我的想法：任何一個有情眾生在進入感動、完成感動的那一刻，他就是紫微聖人。

而元任大同這個高維集合體就代表了這樣的一個狀態，祂是一個集合，是一個像網絡一樣分布在地球和宇宙的各處，以協助個人昇維、神州昇維、世界昇維的願力集合體，當我們有這個瞭解後，我們才能夠真正迎來紫微聖人。也就是說，當我們願意進入感動、完成感動，讓自己進入高維狀態，我們就是紫微聖人本身，我們不必再往外求，也不必對外宣稱自己就是紫微聖人。一個人如果從感動之中掉出來，又進入了低維生存脈絡的孤獨、恐懼狀態，那他在那一刻就不是紫微聖人。如果你還宣告自己就是紫微聖人，那就是僭越。因為我們在死

之前都有這個身體，每一刻都要面對這個世界並做選擇，到底要選擇恐懼？或選擇感動？選擇恐懼你就是凡人，選擇進入感動、完成感動，當下你就是聖人。

所以如果我們在平常就持續藉由危難救急技術與高維產生穩定連結，當我們在危急當下只要用心念這危難救急技術「OM 頂戴元任大同」，當下就可連上元任大同這個高維生命的集合體來幫助你度過緊急危難。這就是第一個危難救急技術「OM 頂戴元任大同」。

技術二、神州昇維技術

神州昇維技術中有「神州卡」，這是針對祖國神州地區與高維連結的技術。這個技術可以讓我們隨時與宇宙高維產生連結，讓我們在無形中逐漸鬆綁固著狀態，讓昇維時較爲順暢。

神州昇維技術中的「神州卡」上有一個看起來類似電風扇的結構，在這類電風扇結構裡頭又嵌入五個小電風扇，這個結構是高維眞理和能量的通道(portal)。藉著這個結構，可以把高維的眞理跟能量在地球這個維度輻射出來，所以這卡片是非常具有力量的。而卡片中的「乾龍聖鳳立九鼎光神州」，就是要每一位中華兒女的我們，男性要成爲乾龍，女性要成爲聖鳳。

什麼是乾龍與聖鳳？「乾龍」就是易經乾卦中的「天行健，君子日強不息」的乾龍，也就是身為中華兒女的男性期許自己要像天一樣陽剛、強健，像天一樣開創新的局面；女性的「聖鳳」就是我們易經中坤卦「地勢坤，君子以厚德載物」，厚德如大地載物，也就是對家人、對社會、對自己、對生命的撫育、滋養、支持、包容和成全。當然這樣的區分方法很二分，現在有人身體是男，但偏女性特質，反過來也有，這只是一個概略的分法。

「立九鼎」。大禹時代有九州九鼎，這個「鼎」就是代表跟高維世界連通的法器，中國以前在祭祀時會用「鼎」。「立九鼎」的意思就是大禹治水立的九鼎，立了九鼎後天下就沒有災禍，國家就會國泰民安、風調雨順。我們只要將卡片放在身上，我們本身就是那個鼎，就是那個法器，當我們唸「乾龍聖鳳立九鼎光神州」時，就可以藉由我們的身體在祖國神州的在在處處成為連接高維世界的法器來連通高維的世界，宇宙的真理與能量就可以灌注到我們身上，連帶我們的生活與健康都會獲得改善。更重要的是，透過這樣的技術，集合每個人的力量，就可以為祖國神州帶來國泰民安、風調雨順的格局，每個人都可以做出這樣的貢獻。這是我們神州昇維技術很重要的部分，大家應該好好使用這張神州卡。

這個卡除了可隨身配戴外，也可以把神州卡立在家中的祖先牌位前方。我們是炎黃子孫，每個人回溯後大家都是炎黃同一祖源。炎黃堯舜禹湯這樣脈絡下來我們都是同一個本源。祖國神州的本源就是由我們的祖

先傳承給後代。在中國人的傳統中，所有的姓氏其祖先死後都會匯入祖先的本源，在人間就是以祖先牌位為代表，這是一個連接的點。

經過幾千年，我們想要讓這樣的能量更加強大發光，我們只要透過將神州卡放置於祖先牌位前(最好是直立放，平放也可以)，在平日進行祖先祭拜後，對著牌位跟神州卡唸108次「乾龍聖鳳立九鼎光神州」，如此就可以補祖先的能量，他們在其他的世界也會過得比較好，連帶的也會讓你們的家運更好、家人更健康、更順利。

「乾龍聖鳳立九鼎光神州」有乾龍也有聖鳳，大家都可以成為「鼎」這個法器，並且連接神州的高維能量，只要神州卡使用的人越來越多，或快或遲，神州就會重光。這就是神州卡跟神州昇維技術的存在意義跟功能。

技術三、 彩虹昇維技術

彩虹昇維技術也是一種與高維連結的技術，彩虹昇維技術裏頭的卡片有三種類別能量。

宇宙能量：

這類卡片的能量即為宇宙本體，也就是我們宇宙中的星系、銀河系。整個宇宙都是由宇宙本源幻化出來的，包括各種星球、太陽、生命、外星人等等，但凡是所有幻化出來的一切對宇宙而言都是短暫的，所以也稱之為幻相。

宇宙慈悲力：

這類卡片是宇宙本體衍生的大慈悲能量。

宇宙豐盛：

這類卡片是宇宙本體原本俱足的豐盛富足的體現，可幫助我們與高維連結，承接宇宙本源原本豐盛俱足與慈悲的巨大能量。

階段式昇維技術

階段式昇維技術是針對有利益眾生願力的族群們所提供的特殊昇維技術。

只要藉由上述「神州昇維技術」或「彩虹昇維技術」協助他人提升維度者，當到達某個階段後，就能夠藉由階段式昇維技術讓自己突破各種昇維停頓狀態，使我們得以往更高維提升，以利益更多低維的人。

持卡者體驗分享

心・安住
持卡者：當日早上驗到能量注入的全新體驗後，一整日我都沒有焦慮、或自我恫嚇的念頭出現過，內心 都很安穩。

內在整合與清理
持卡者：近來變得愛睏,這幾天的睡眠非常深沉放鬆，夢很清晰，然醒來則忘。很清楚那是一種深度的內在整合與清理。彩虹昇維技術不止白天運作，夜晚亦然。感恩、感謝，也很感動！

健康奇蹟
持卡者：被小黑蚊咬的小腿發炎腫成一個大包，腫熱痛都來，來越大開始蔓延。我把卡片放在腫脹處，覺能量上下流動一直到腳底，腫也消多了。

醫生持卡者
對一個醫生而言，看到絕症的病人恢復健康就很有成就感。自從給病人彩虹昇維技術和卡片後，病人痊癒的快，幾乎是三倍到十倍速！

接受長照的母親

女兒：照護員表示我母親每天失禁同8~9次，她得不停拖地、換衣褲和洗衣服，感覺很疲倦。 將卡片放在媽媽枕頭下後，照護員說媽媽變得很有精神，而且很合作，每半小時或一小時就上廁所一次(只失禁一次)。真是進步神速！

放下擔憂，一夜好眠

持卡者：我是十幾年來嚴重失眠者，自從擁有卡片後不到一個月，睡眠品質至今有明顯的改善。這幾天一上床即有明顯的睡意，一覺到天亮，整個人神清氣爽，實在太感恩了！

技術四、 所願速成技術

所願速成技術這就是在我們〈所願速成〉的高維雲端裡頭許願。我們有做過一個粗略的問卷調查，普遍都還不錯，只要總是將神州昇維技術或彩虹昇維技術的卡片放在身上，並且每日誠心許願，基本上還蠻順利達成的，也有很多奇蹟發生。

連結宇宙大網絡

地球就是個和宇宙大互聯網連線的環境、品質、速度都很差的空間，所願速成技術提供了最穩定、最高速、寬頻最大，與宇宙大互聯網的連線，而且可以無限上網。

持卡者體驗分享

好運連連
持卡者：剛剛得知兩位有卡片的朋友在公司同時獲得升遷與加薪！實在很替他們感到開心～

持卡者：老公說他被加薪了！而且我自己最近工作也越來越多！感謝彩虹昇維技術讓我們生活越來越豐盛！

運氣變好
持卡者：拿到卡片後感覺白天上班精神比較好，做事效率變快，思緒比較清晰，運氣變好！

今天在開商務早會前使用彩虹昇維技術，直覺自己會抽到獎品。平常的抽獎規定獎品500元，但今天的獎品是萬元以上-人體功能椅一把。果真我抽到了，就這樣有一把椅子直送到家，真的好幸運！

找車位變得更容易了

持卡者：最近開車出門運氣都特別好。最近去的目的地，那裏的車位通常都一位難求，但也不知怎麼的，近日一到目的地，總會發現剛好有一個停車位空在那裡，真是太神奇了。當然我心中也不忘感謝這神奇的法能流。

心想事成

持卡者：停辦好幾年的村校聯合運動會在今天舉行，學生都很期待。只是連日中午過後常下雨，有時大雨，讓人擔心。

星期五帶領學生許願：希望星期五下午4點過後到星期六下午，不要下雨...（省略天氣要求細節），讓運動會順利舉行。

果然，如學生所願，村校運動會在溫煦之中，圓滿落幕。

技術五、 進入高維世界技術

進入高維世界技術，就是讓我們能夠順利地連接宇宙本源，並藉由與宇宙同頻共振來提升維度的進階昇維技術。

藉由進入高維世界技術，我們可以進入更高維的能量狀態，也可接觸更高維的生命能量，若能再配合其他更高維的昇維技術，就會漸漸降低對這世界永無止盡的欲求，也不會因為受到世間低維能量的拉扯而無力跳脫。

持卡者體驗分享

與祖靈相見(分享者是台灣原住民族)
下午進行進入高維世界技術時睡著了……
夢裡的山洞裡(感覺應該是都蘭山)有著一大片的池泉
仰望著好似看到一尊神像還是人?並且出現一道強烈黃色的光!
我在水上的船上前進，感覺好像是要往一個方向而去，不知什麼地方，但因為轉錯彎而走錯路，後來黃色的光出現了，光的後面有一個人，但不知是誰?
就這樣，船帶著我繼續走向新的方向前進，當下心中感覺非常非常溫暖舒服，像是媽媽的擁抱一樣溫暖，我就一直哭著到醒來了，醒來後臉上都是淚水...

子欲養而親不待

身為子女，都希望親人離世後可以前往一個更好的地方。

生前對親人的遺憾，由進入高維世界技術來引導。

去年父母雙雙過世，對我的人生產生極大的衝擊，加上婚姻問題，那種沒有根、沒有家的孤寂感強烈襲來，每天就像行屍走肉，不知道為什麼活著，死亡意願強烈。

接觸高維昇維法後，有一天晚上，我感覺到身體左半邊有強烈的拉扯，心臟能量下墜，於是我嘗試與高維連結，收到我母親和祖先的呼喚，他們希望高維能量能將他們送入光中。

母親過世後，我一直覺得身為女兒的我在她生前做的不夠好，沒有好好孝順她，婚後一年只能回去看她幾次，母親常常感到寂寞。她晚年身體不適，我也沒能好好在身邊照料，一直責怪自己。

我連結高維能量，觀想我的母親和祖先們，他們就出現了。我的母親很快就循著光進入國度，祖先們也陸續進入。

我仍感覺到有其他祖先在提出要求，就跟他們說我會連續七天連結高維，幫助祖先們進入光中、進入國度、去該去的地方。

接下來幾天都還有祖先陸續出現，並且進入光中(有的好小一個)，過幾天就沒再看到了。我看到母親在國度內，她說她很好，終於見到她展開笑容，我好安心。

後來我夢見和媽媽在雲間喝茶：
我們坐在石頭椅上，手上都握著一杯溫熱的茶。她說她過得非常好，常常和幾個朋友去遊山玩水。

我獻給她一朵花，那是一朵潔白的花，她高興地收下，花在她的手中轉變成藍紫色，散發出溫暖的光芒。

我開心地流下眼淚，擁抱。

人最不理的就是階級的錯亂

嘗試才是人生

技術六、 回歸宇宙本源技術

回歸宇宙本源技術可以說是最快速提升我們維度的技術，但這種昇維技術需要有前面的操練為奠基才能順利達到，詳細的方式可請教昇維昇維師。(聯絡方式請見本書最終頁，可掃碼 QR code 後進入昇維法群組中詢問)

那些我們曾聽過的神佛，不管你稱祂為海奧華、或天父、或耶和華、或聖母瑪麗亞、神、佛，這些神佛都不是一個人，祂是個集合體，祂們彼此都是互連的。祂不是一個一個在那裡的神像或木像。這些高維集合體皆源自於宇宙的本源，這也是為什麼我們需要先有前面的操練奠基，才得以順利融于宇宙本源的原因，這是讓我們回歸，而不是摧毀。

「回歸宇宙本源技術」的目的就是讓我們放下頭腦設定的幻相，使我們內在的神性得以被彰顯，因此「回歸宇宙本源技術」是讓我們最快明心見性，最快讓我們成為元任大同的一份子，也最快與宇宙融合為一體的一種速成法。

在操練「回歸宇宙本源技術」時會產生幾個體驗過程。第一，你開始會有累世的回顧跟清理。因為你的神裡面有過去世的記憶，你越全心全意融入，這個回顧跟清理的過程就越快，前世的那些印記的清除也會加快。第二個驗證，你會了悟你的本性與宇宙本源無二。

其實這些解釋是沒用的，因為你們還沒有這些體驗，或許這時候你們也信不起，但它是真實存在的狀態，只要我們真的信得起，並願意全然交付出自己融于宇

宙本源，我們才能與自己內在的神性相遇，也才能體驗到你與宇宙本源無二的狀態。

以下是操練「回歸宇宙本源技術」時會出現的狀態與需注意的要項：

第一、 清理你的身心神

當我們在操練「回歸宇宙本源技術」時，我們內在身心神的清理會很快速，所以操練者需要再生液的能量做為身體能量的支持與細胞修補，如果沒有再生液的支持與修補，你之前潛藏或壓抑在身心裡頭的毒素或設定被清除時，要度過這些階段會是很大的問題。

第二、 證悟本性

你將證物本性。但如果現在跟你說你就是宇宙本源，那根本沒用，因為你沒有體驗是信不起的。上帝是愛，當你「是愛」的那一刻，你就與上帝無二，你就是上帝，你就是聖母瑪利亞，你就是觀世音菩薩，你就是宇宙本源。但如果你不去做，沒有這些體驗，就算你聽了一萬遍也沒用。

第三、 得到宇宙助力

「回歸宇宙本源技術」除了可以清理我們的身心神、讓我們快速證悟本性，也更容易使我們持續在高維狀態裡，此外，在我們融于宇宙本源時，我們也等同於認同宇宙與元任大同要幫地球昇維的任務與使命，在你利益眾生的當下就會有更多宇宙助力來幫你。

第四、 得到更特殊的昇維技術

因為我們進行「回歸宇宙本源技術」的同時也接收了宇宙要幫地球昇維的這個任務使命，為了能夠跟這些

高維者共同完成使命，宇宙會顯示給你一些你需要的特殊技術來協助你與其他高維一起完成提升地球維度的任務。

持卡者體驗分享

練習後體驗到身體的深度清裡

我夢見一朵花在一個人手上，花旁有一個空間，我走了進去是一個山谷，上頭有龍在盤旋。兩側山壁，有數不盡的洞穴，猜測裡頭是仙佛/修行人的住所，這地方就感覺很像敦煌，或者說是一個聖地，我跪在那邊感謝所有的一切，並且承認自己的不是。

我突然感覺到現世的肉身發出白光，一個說不出的感動上來，脊椎不斷地被一股力量往上拉一直拉，由海底輪直達頂輪，頭頂巨大光柱往上延伸到虛空。脊椎一直被拉得很直很開，感覺自己變得很高大，單盤狀態已經一個小時，但下半身是舒暢的沒有阻礙，慢慢地我回來，就呼吸，整個定在那邊，外觀是靜止，裡頭卻是振動不行，慢慢才都靜下來。而我有好長一段時間沒有呼吸，偶爾稍微吸一小口氣又不呼吸了。

而我之前胸椎部分一直被鎖住，已經足足半年，怎樣都拉不開，那是一種被困住的感覺，今天整個被拉開了，實在開心。

技術七、 人生昇維技術

人生昇維技術就是人生動力療法。很多人都曾體驗過這個法。以在地球這個維度而言，人生動力已是目前可快速且大量解除設定、進而昇維的一個具體技術，這個技術在近二十年已經幫助過上萬人走出困境。

頭腦的設定形成痛苦的命運

人類每一刻所感知到的一切，都是透過語言和影像所產生的一連串情境，在這些持續進行的情境當中，會有一些特別固著於潛意識之中，因此造成痛苦、不幸或疾病的人生，黃鼎殷醫師稱之為「設定」（Mind settings or Mindsets）。

會造成人生痛苦的「設定」，是由過去曾受創傷的情境畫面，加上當時情緒負荷所形成並儲存在潛意識之中。因此潛意識中的創傷影像與其當下伴隨的情緒負荷，也就被設定形成頭腦裡的自動執行程式（.exe），這個自動執行程式就如同預先安排好的人生劇本，日後將吸引相類似的人生情境與人事物在生活中不斷地重演，所以有「設定」的人常常會覺得冥冥之中有被命運捉弄，無法超脫的感覺，因為這樣的情境已經變成你內在的自動執行程式和設定。而人生動力這套技術就是要解除這樣的設定。

創傷與療癒的過程

人的本質是在「一體感」之中創造出來的。每一個人的存在從未曾與這整個宇宙斷裂過，我們始終都在整個宇宙的一體感當中，就像樹上的每一片葉子，也從

未與這棵樹斷裂過一樣。但如果其中有一片葉子為了讓自己與眾不同，開始自我改變希望與其他葉子迥異，但又嫉妒其他葉子比自己耀眼，而起心動念想要消滅其他葉子，以避免遭受威脅，於是開始有生存的競爭，因此就會脫離一體感，而形成痛苦的人生。

事實上，命運是宇宙十分奧妙的安排，它既是人生預先選好的課程，也是自我療癒的過程，這個過程透過親身體驗被傷害的人的感受，讓兩個破損的圓又再度融合為一體。透過體驗別人的痛苦，藉以回到自己與人們之間的一體感之中，這就是在宇宙間不斷地自動運行的循環。在印度教中被稱為「業力」（Karma），原意是指會動的輪子。這個輪子不停的轉動，其中有創傷也有療癒，這些創傷與治癒同時在此輪中不斷地循環轉動，所以在創傷（設定）解除的同時，你需要被療癒的部分也同時完成了。

體驗者分享

分享者

我是位老師，我帶的學生目前是五年級生。他們非常容易跟我頂嘴(班上學生都是男生)，我以前會覺得權威被挑戰，但我在試用人生昇維技術之後，現在卻覺得這樣很好！他們對我是不怕的，也不會一個指令一個動作，雖然有時候要花更多心力來教導他們，但每次吵完架，他們的態度還是對我親近，真是有趣啊！

小蕙

一直以來我都有想要離開先生的想法，因為我覺得婚姻生活很痛苦，但是先生就是不肯。回顧自己父母的婚姻也是很不好的，在我很小的時候父母就離婚了。

在一次的個人動力裡，驚覺的發現自己有個設定，覺得不該有幸福的婚姻關係，而且巧合的是，每當我想要離開先生時，我以前的男朋友就會剛好出現或打電話給我。在動力裡的哭吼與痛苦，感覺媽媽所經歷的一切，似乎是我在經歷的，以前的解除設定雖然改善了我與先生的關係，但我仍想離開他，特別是在吵架的時候。在個人動力裡我才發現，原來我在媽媽肚子裡時，媽媽就是一直想要離開父親，而她也真的與舊情人在一起，離開我與爸爸。

原來這就是胎中設定，我在媽媽的肚子裡感受到媽媽的感受，以為是我的，還好發現了這個設定，我不希望我的孩子和我一樣重複相同的人生。

孩子的拒上學！ 社工師

孩子不願上學的問題拖很久了，不知道該怎麼處理，所以就來學習人生昇維技術。孩子的代表在場上說：我喜歡打架、我要當超人、我討厭弟弟、我要把他打死...。天啊！真的都是孩子

平時所説的話！然後停也停不下來，就看他跟拒學的代表滿場跑...。接著，他説：我不喜歡去上學，我要讓大家很混亂！

黃醫師問我自己有沒有這種狀況，乍問之下，心裡當然否認！他拒學怎會跟我有關？但靜下心，願意平心而論時，我承認自己的確如此，因為我在職場上，真的是囤積了很大的不甘願及怨恨，覺得不管自己怎麼做，還是有人要陷害我！我還是出不了頭！我還是得忍受無能之人在當我的主管...，一切是我累積而成，我刻意壓抑的情緒，讓我的孩子去代替、平衡了我！

在人生昇維技術裡，又再次地面對了許多自己！體驗了「愛」，就是以跟對方一樣的狀態來跟其連結！「愛」就是孩子會用他自己來平衡父母壓抑的情緒，雖説人在世上，玩的不過就是這幾招，但是，要去體會與接納自己的邪惡面，真的是好難！唯有體認自己的邪惡和限制，穿越靈魂危機所產生的痛苦，方能產生無盡無量、真正的同理心與慈悲心！

王太太

這真是一個奇特的體驗，但卻改變了我的人生。我跟先生一直想要有個孩子，但是用盡了各種方式還是無法懷孕，西醫的檢查正常、中醫的調理也調了、該拜的廟也拜了，能用的方

法都用了，但我還是無法懷孕。

在好友的鼓勵之下，我來學習人生昇維技術，我至今都還無法相信，我的不孕會是因為我與前男友的關係。過程裡我做了許多的情緒宣洩，就這樣。黃醫師告訴我這是「無限眷戀」，要我面對。我說：這與我無法受孕有什麼關係？黃醫師說：有，因為你還想當個少女，如何當媽媽？是啊，每一句話都像是針扎入心頭。於是我徹底的面對，結婚六、七年的不孕症，卻因為一場團體動力、一個無法想像的因素下終結了，我後來也真的懷孕了。這一切只能說不可思議，我的寶寶也即將出生了。

記起自己/黃鼎殷醫師

我的本性是圓滿、光明與神聖的存在
為了重新體驗我的本性的真實性
人類中成員之一的我
與其他的生命體
共同決定暫時遺忘這個真實
與我的本性脫離
然後再嘗試著去歸返這個圓滿、光明與神聖的本性

再者，為了創造歸返本性的不同路徑
使這個路徑有無窮的變化
我與其他的人類成員再次地共同決定
對我之外的人類其他成員
將他們視為我之外的對象
故意忽略人類之為共同體的一體感
故意視身體與短暫的一生為真實的存在
體驗與人類群體斷裂的孤獨感
我以為自己常常處於死亡的恐懼之中
視別人為生存的威脅

因此，我又再次決定
在這個將別人視為生存威脅的幻相中
去對抗與傷害他人
不斷地重複防衛與傷害他人的模式
使自己宛如在沉睡的狀態
在沉睡中不斷地傷害他人

然而有時我完全地放鬆之時
我會憶起我與人類之為一體的感動

然而我在這個可能迷失本性的
圓滿、光明與神聖的旅程中
我預含了一個強迫自己回到人類的一體感
與內在真實本性的設計
我又決定讓自己去經歷被我傷害的人
所經歷過的痛苦、不幸與疾病
以體驗被我傷害的人的感覺
與他們所有的受苦過程

因此我成為了他們

在完整地體驗他人的受苦過程
或是領悟這個靈魂層次的安排之時

我即時地讓我自己可以
重新再回到人類的一體感之中

居時到了我累世所有傷害他人的意念、言語與行為
都已被解除
我即時地而且穩定地回到人類的一體感之中
我以一個大的存在感存在著
我時時活在感動之中

單純而感動地活著/黃鼎殷醫師

生活中的感動俯拾皆是，只是我們的勇氣常常不夠

因為我們不知道我們之必然死亡

在死亡之前，一切我們放不下的都顯的虛假不實

在偉大的死亡之前
放下自我所固執的一切

才發現在這一刻
我在了
就好

這就是一份單純
單純之中就有感動
於是順著感動之流
完成它
不斷地在每一刻完成它

我們就能看見這個偉大的設計
成為人
為樂於成為一個人
在地球上
單純而感動地活著

「除繫去縛」
但自懷中解垢衣，誰能向外誇精進。

在娑婆世界·小心瓊琚志窮

技術八、格局昇維技術

「格局昇維技術」是由比較資深的昇維師來進行的，它是針對組織、企業、種族、甚至某地區的問題進行解決與昇維。

企業也有情緒、也要升維

要了解某個企業目前的維度，也可以藉由心念定位與解碼表來衡量。企業當下的情緒也會影響企業的成功。一個工作場所如果它的心情是愉悅的，持有完成感動的堅定恆心與毅力，那麼這個企業就會成功。反之，如果這個企業充滿憤怒、悲傷、抑鬱，那這個企業就會失敗。

企業排列中的「天」就是精神智慧，也就是我們昇維了以後的高度。所以看事情可以從昇維以後的高度來看目前的困境，那麼這樣的智慧就可以解決企業的困境。

在企業排列中的「地」就是如母親一樣滋養我們的奶汁，在這個地滋養了企業之後，企業再依它的核心價值，以企業中愛的能力去利益這個世界跟人們，那麼這個企業就會成功。

「格局昇維技術」也可以用來提升國家的維度狀態。有一次我們以「格局昇維技術」清除烏俄戰爭中非自然死亡的人，「格局昇維技術」進行後的回應是要等這個戰爭結束再說，因為俄烏戰爭還沒有結束，當時「格局昇維技術」就傳出這個訊息：等俄烏戰爭結束後再一併處理。

所以「格局昇維技術」是聚集比較資深的昇維師，與知道或體驗過人生動力療法的人一起進行的一種提昇某組織單位或各大小區域維度的技術。也就是我們可以利用「格局昇維技術」來改變一個組織、企業，或某個地區使之昇維。

所以對於企業的輔導，甚或想發心幫地球昇維，這些都是「格局昇維技術」可施力之處。

之前提到的「人生昇維技術」是用在我們的七位格中的個體人與家庭人；而個體人跟家庭人以上的社會人、種族人、國家人、世界人、宇宙人，就得使用「格局昇維技術」來協助昇維。

一個團體的興衰，首先決定在是否連通了天地的能量，這天地能量就像家庭中的父母一樣，當我們連通了父母的能量，人生就會比較少痛苦、人生就會比較順利、比較能夠自我完成，並利益這個社會而得到高層次的幸福與快樂。同樣的，一個團體如果可以連通天地能量，這個團體就會興盛。藉由這個瞭解，也可以將團體(包含企業組織、基金會、種族、國家、地區、世界)連通天地能量的障礙進行排除，當障礙排除後，這個團體就能夠接通天地能量，格局就會隨之提升、變大，這個團體就會走向興盛。

所以「格局昇維技術」是針對家庭以上的團體來進行昇維的技術。有些企業為了解除企業困境會找老師看風水、看命理，這些方法也是好的，但還是要看這些老師本身的能力和品行修養是否夠格，但回歸最核心的問題還是在於企業格局的提升，也就是得把連通天

地的障礙排除，這是風水跟命理解決不了的，這個部分可以藉由「格局昇維技術」從核心的問題進行解除。當然，這還得配合經營企業的管理與企業本身的精神、價值的定位，這個企業的願景到底在哪裡，以及要如何配合天地去利益這個社會國家。當有了這樣利益社會國家的願景後，才能知道該執行什麼任務，任務依照戰略、戰術等等來執行企業應該實現的遠中長程目標。以上提到的這些關鍵技術，在企業經營上已經有具體的方法，但最欠缺的還是格局的提升。排除跟天地能量連接的障礙，這個才是企業、團體，甚或地區、國家最核心需要的。

格局昇維技術與後AI時代

新冠疫情後，整個世界局勢有很大的改變，消費習慣和人們對於商業的運作也有很大的不同，藉著AI與機器人的發展，很多企業被迫轉型，人類所有關於理性跟結構組建起來的知識網跟知識庫，都將快速地被AI取代。舉個例子，律師會失業，因為AI寫的訴狀會比律師寫的還好，答辯也會比所有的律師好；技術性運算的會計師也是，某個程度大量會計師也會失業；因為機器人的發展，類似櫃台的工作都將會被機器人取代，那麼人類會留下什麼呢？人類還可以做些什麼？

後AI時代人類可以做的，都會跟昇維法有百分之百的的相關，為什麼呢？一個人可以進入感動、完成感動，他漸漸的會產生熱情，熱情會在他的生活上，也會在他的喜好上。進入感動、完成感動後，靈光會越來越大，對於所熱情的東西，會做得比別人快、完成

度比別人好、創意比別人高；當你熱情進展到某個地步就會變成熱愛，你會開始對某件事產生熱愛、對自己、對周遭的人產生熱愛；再者，我們的創意力、感染力、對他人的影響力、教育力、服務力，這五種能力都會提升。所以後AI時代，人們可以藉由昇維法從朝九晚五中掙脫，這技術可以讓你變成個人行動主體，為這個社會、這個世界提供這五力的服務，這五力配合任何一種昇維技術，都能讓你成為該行業的佼佼者。未來的個人或企業成功，也勢必循著這個脈絡來掙脫機器人跟 AI 帶來的影響跟衝擊。

當個人昇維、企業昇維後，不僅可以掙脫後AI時代的束縛，甚至可以創造出個人的成功模式、打造出新的商業模式，而其重點就在於進入感動、完成感動的實踐。這個實踐可以提供令人感動的服務，提供具有創意的各種藝術創作、哲學創作、文學創作等等AI跟機器人無法企及的創作狀態。這也是一個人在這一生真正應該做的，我們的文化也必須將一個人推向這個維度，這時候人就不再只是一個工具、一個企業架構中的螺絲釘，而是一個完整的人。

也就是說，個人昇維、格局昇維以後，我們將迎來一個非常光明璀璨的時代，人類不再須要為了一碗飯，為了早九晚五的月薪去卑躬屈膝、去生存鬥爭，而是可以真正地可以將人性的真善美在人生中實踐。

昇維法對於這個時代極為重要，除了個人痛苦不幸疾病的解脫，也對後AI時代人類的自我處境，有著非常具蛻變的力量支持，昇維法將帶領我們迎接這個光明璀璨的後 AI 時代。

你我皆為古佛

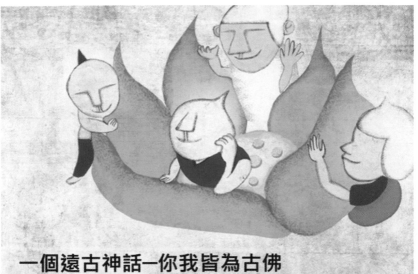

一個遠古神話－你我皆為古佛

所有的古佛正在開會，
他們既是『一個個』的古佛，也是合而為一的古佛們

其中一個古佛說：

一切太寂靜了，
如何使祂動起來呢？

『另一個』古佛說了：

何不設計一個
相對於我們無邊寂靜、
廣大無垠的心量、
萬事成就的大能的狀況？
就是一個沒有內在寂靜、
心量狹小與能力很小、
很侷限的空間？

此時，『所有古佛們』皆很興奮，因為，
無始的時間過去了，終於有點事做、有遊戲玩了。

此決定一下，
這個沒有內在寂靜、
心量狹小與能力很小、
很侷限的空間就霎時形成了。

另一個古佛說：
進入這個空間之前，
我們要將這無邊的寂靜、
無垠的心量與萬事成就的大能放在哪裡？

此時，有一位古佛
自那沒有內在寂靜、
心量狹小與能力很小、
很侷限的空間昇起，
呈青面獠牙之恐怖、
忿怒等相，
名叫：

『恐懼古佛』

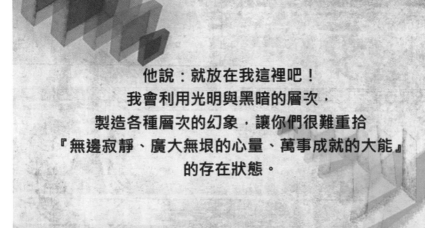

他說：就放在我這裡吧！
我會利用光明與黑暗的層次，
製造各種層次的幻象，讓你們很難重拾
『無邊寂靜、廣大無垠的心量、萬事成就的大能』
的存在狀態。

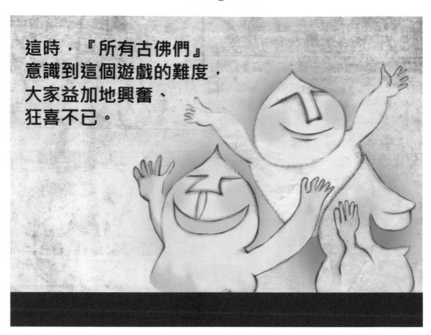

這時，『所有古佛們』
意識到這個遊戲的難度，
大家益加地興奮、
狂喜不已。

又有一個古佛提議：
我請求『恐懼古佛』，
除此之外，
也請在各層次之中
創造出無數的平行幻象空間，
讓難度更難！

去體驗的古佛們裂解出更多的小靈魂，
同時去經歷不同的幻象空間，
之後，
大家再合一、一起分享所有的體驗。

此提議一出，
所有古佛們又再興奮、狂喜不已。

而『恐懼古佛』實在是個幻象大師，
他說：
我再加入一個難度，
就是讓你們暫時忘記你們原本是合一的，
使你們受限於肉體，以為肉體死了，
你們就會消失而死去；

並且，
讓你們忘記
這個空間的資源與能量是無限的，
以為必須搶奪才能保持不死。
因此你們會相互傷害，
體驗被傷害的感覺

急於去體驗的古佛們，
對於難度的增加，
已經興奮到無法形容的地步。

有『一些』古佛意識到這難度實在太高，
可能要花很多的時間才回得來，

因此，
他們說：我們就留下吧！你們去體驗，
我們會為你們安排特殊的中止遊戲的功能。

如果你們想中止遊戲卻無法中止時，
請留意所有跟痛苦有關的感受與體驗，
我們會將中止遊戲的按鍵
放在你們的肉體與
周圍的體驗者的表情裡、
生活的事件裡。

所有古佛們聽到還有預防的準備，
心中更加地高興與雀躍。

因此，
剎那間，
一部分的古佛們往『恐懼古佛』
所創造出的空間超光速地飛去。

他們很興奮地要去體驗了......
而那個空間，
就叫做

地球

《你我皆是古佛》生命繪本
作者：黃鼎殷
繪圖：陳麗維
發行：中華樂禧學會
工作人員：曹秋萍、賴靜瑩、梁珮君

第四卷　靈魂絮語

第一單元　體驗地球的劇碼

我想各位在生命中應該都會有這樣的體驗：你愈不喜歡甚麼，它就愈會纏上你。這到底是為什麼？因為這是當初你要來地球體驗的安排！也就是你感覺的痛苦，並不只是來折磨你的，那是你當初選擇來到地球時，決心要挑戰的密集且高難度的功課，你也決定要在短時間之內昇維，重新回歸宇宙本源的！

事實上，地球上的這些痛與苦，與我們常人在此世中所認為的痛與苦，這裡頭的意涵是不同的。我們所感覺的痛跟苦，其實是因為我們決定要修一個立即的、強烈的、短期成就的課程，所以它的強度才會如此地大，所以你應該感謝這些痛與苦所帶給你的學習，要感謝你有肉體可以接通宇宙高維的能量，好讓你得以承載你的靈魂，讓你能夠經歷這樣殊勝的地球之旅。所以各位不要再埋怨地球為什麼會這麼苦，不要再埋怨做人為什麼這麼苦，因為這個地球的遊戲是特別為你設計的，祂是非常神聖的。

我們雖然是在這地球上旅行著，但往往會入戲太深，讓自己陷在某個角色裏，這些角色不外乎有兩種：第一，你是個施暴者；第二，你是個受害者。第一種施暴者角色：施暴通常是出自於恐懼，所以會不斷地想藉由各種力量取得控制，也許是藉由錢或是拳頭做為一種力量；也許是藉由人際關係做為一種力量；也許

是藉由用感情，例如親子或戀情，或甚至藉由一種無形的、以宗教為藉口來做為一種暴力，這個暴力都指向一個目的，那就是：你必須受到我的控制，這樣我才會繼續給你愛，我才繼續給你生存之所需！另一種是受害者的角色，它通常的狀況是：好吧！我和你達成協議，我受你控制，然後我可以衣食無缺，我可以當一個不用費太多力氣的人。

這些變態的施暴和受害者的角色，充斥在我們的社會、充斥在我們的家庭、充斥在我們與他人的互動之中，如果你仔細觀察這兩種角色的互動，你會發現通常施暴者的理由是：他無法管好自己，所以我代替他來管他自己；而受害者則說：反正他就是要管我，我也沒有辦法。但這些都只是藉口！施暴者與受害者，究竟哪一個比較壞？一個用拳頭的父親，與一個不斷跟孩子報怨自己在婚姻上如何受苦的母親，究竟哪一個的暴力比較多？很難比較吧！但是我們往往會傾向於同情受害的一方，卻忘了問這些受害者：「你為什麼甘於當一個受害者？」

為什麼這些受害者口口聲聲說想要自由，卻又甘於不自由？我們每個人其實都渴望自由，但是為何卻總是會落入這種施暴者與受害者的角色？例如：你為什麼會選擇一個母親來虐待或控制你，然後你又要去反抗她？在你的反抗裡面，你跳脫了施暴者與受害者角色了嗎？其實這種原型（prototype）在各種關係裡非常常見：父母跟孩子、男朋友跟女朋友、老闆跟員工、宗教跟信徒、政黨跟人民，它幾乎充斥在每個角落跟每個地方。但是各位仔細想想，反抗真的就能夠

解除這種施暴與受害的關係嗎？我記得我有一位學生跟我說因為我的一句話，讓他覺得非常地震撼，因為這句話直接擊中她的心裡，當時我曾跟她說：「你不能一方面依賴著男人，一方面又哭訴著這個男人對你如何的壞，然後對著別人苦苦的求憐吧！」

其實，這些不斷的施暴與受暴的關係，都是各位在地球空間中旅行所要求的劇碼，俗話叫做因果或業力，我們在「人生動力療法」裡又稱為「設定」。也就是在地球的空間旅行，這樣的關係是非常常見的，它們充斥在各位的生活週遭，各位也可能不斷地在抱怨著，但是我們卻忘記這是我們自己決定的劇碼，是我們決定要進入這樣的關係中，因為我們想要藉由進入這樣的關係，重新體會什麼是真正的「自由」。所以在地球上旅行的各位，你們必須知道這種施暴者與受害者的配組，並且認出它來！

各位其實都是亙古的古佛，各位都是來地球上體驗的靈魂，其主要的目的若以禪宗的話稱它為「舊佛新成」。我們每個人在這地球的空間裡都選擇了不同的劇碼：有些人選擇成為一個殺人犯、有些人選擇成為一個受害者…，不論是如何的劇碼，都有一些宇宙律在依循著，不論各位是否能夠看見，而這最終的目的就是：重新體會你內在原有的光，那個源自於宇宙本源的光，你是真，你是善，你是美，你是內外在一切的豐盛與俱足，也就是體驗你就是佛（宇宙）本身！

各位你現在可能會很懷疑，因為你覺得現在的你跟這個距離是如此地大與遙遠，這究竟是為什麼？各位注意聽！那是因為－－你有種！你敢挑戰這麼高難度的課程！因為地球是種種宇宙空間投影的匯集之處，所以地球的關卡是宇宙中最困難的，你在地球上很容易就可以經歷到宇宙各個空間所投影創造出來的空間，所以你們都來到這裡了！你們說，你們自己是不是很有種！

在這裡想要告訴各位一個很重要的訊息：
我們都是在這個地球上旅行的靈魂，而我們來到地球的唯一目的，就是為了要體驗我們的生命本身！

捨卸一切計劃

活脫脫，單純地進入當下。

一切本自具足！

第二單元 地球的套裝行程

我們前面提到在宇宙當中有很多被創造的空間，而地球就是這些空間的匯集處，我們現在就在這樣的空間中體驗著。你或許會問：我們究竟要體驗什麼呢？我們在這裡最終所要體驗的，就是自己原原本本的那個內容、那個內涵，那些跟宇宙本源相近的東西。

我不知道各位在這個宇宙中旅行多久？在這地球上又旅行了多久？各位在地球空間，甚或其他空間的任何心智活動與行為都被記錄下來了。事實上，在宇宙中存在著某個空間，這個空間專門記錄發生在宇宙中的每一件事，它儲存的容量比現在google所提供的容量大上無限多倍，裡頭記載了每個人、每個生物、每個星球、每個銀河系開始跟結束的所有記錄，這些通通都被儲存起來，這個紀錄就叫做「阿卡西紀錄」。所以有些人說他看到生命圖書館，看到自己的一本書；也有些人說看到自己累世的影像，它都是阿卡西紀錄，宇宙中的確是有這麼一個地方，它記錄著各位在宇宙旅行中的一切發生。

當你能夠知道它只是個旅程，對於很多事情你就不會太過執著，因為你知道你終究會死，你也會再生，你來的時候兩手空空的，走的時候也是兩手空空，縱使有陪葬品你也帶不走。所以如果你能夠知道這只是個旅程，如果你能夠明瞭這個真相，你對於很多事情就不會那麼地在意與執著，你對於很多事情就能夠保持中道、保持著平常心。如果我們能夠有這種認識的話，很多事情就可以淡然處之，你會願意讓自己經歷

各種不同的體驗，讓自己在這趟人生之旅更為豐富，而不是讓自己陷入人生的麻木狀態，活得死氣沉沉，也不會讓自己困鎖在某個關係與角色裡，這就是來地球旅行的真正目的與意義。請不要忘記你的人生就是要來體驗這一切的經歷，勇敢地投入每一刻，讓每一刻活得全然，將每一刻吸乾搾盡，沒有保留，因為你的這個人生，為的就是要來豐富自己的體驗的。

你或許會對這世間的種種發生產生憐憫或抱怨；但對於靈魂層次而言，那是因為你想要有不同體驗的套裝旅程，這個套裝旅程裡包含被車撞死、生重病而死、被順向坡給壓死…，但是如果你真的願意也能夠活得全然，你就能夠看到每一刻都有不同的展現，你才能夠了解為什麼這世界上會有戰爭，為什麼這世界上有這些天災人禍？這是因為我們的靈魂有著無比的勇敢與無比的創意，敢勇於經歷各種祂創造出來的處境，而死亡只是個幻象，你不過只是換個身體，換個不同的套裝行程而已。

所以當你能夠從你的夢遊中醒來，你就會發現這世界真是個圓滿的創造，原來它就是要讓你體驗這種在其他宇宙空間所體驗不到的，而且這世界一切的呈現就是如此地圓滿。當你能有這樣的體驗，那時候的每一刻就會完全不同，每一刻都顯會得如此的刺激，每一刻都會讓你興奮、讓你驚喜、讓你狂喜，當你沒有活在自己編織的夢境之時，這一刻的人間就成了淨土，這一刻的人間就成了天堂；當你能夠從夢境的地獄中醒來時，每一刻就會有每一刻的感動，你就會在一體感的流動裡，你就可能會跟一隻鳥、一朵花，或是一

群人進入一體的狀態，而且你會發現這個當下的發生有著無限的可能，祂絕對沒有重複過， 地球的這些套裝行程，都是爲了豐富你的生命體驗而特別設計的！如果你想早點結束這樣的旅程，就讓自己早些去經驗它們，多層次且全然地去經歷各種不同的體驗，因爲它們遲早都需要被完成。

如果我有把過錯做成動人的芸術的能力

我也不願說如此。

但是，在我面對自己的成長時，請容我有

自己的節奏、時間、判斷、選擇，拿掉你

的体驗，容我在錯中學習。

當然，尊重態度之下的建議我很感謝地

領受，

小石 八十七二二十

第三單元　世間行走法

事實上，這個世界呈現了一個很重要功能，它要告訴各位：這個世界是黑暗的。六祖講：「一念迷，佛成眾生；一念悟，眾生成佛。」各位是佛，只是各位目前正籠罩在一種黑暗的設定裡，但是如果你可以了悟：「我連下一刻會不會死我都不知道，人生這麼的無常，我這一刻就是要散發我的光跟熱。」或是如果你真的能夠明白孟子曾說的：「當你嫂子溺水了，不管什麼世間禮教，一把就將她拉起來。」當你能夠是如此，你這個眾生馬上就成了佛，這個叫眾生成佛；但如果你這一刻還在做選擇：「看到某人倒在路上，我很想馬上過去幫他，但因為怕被人栽贓與自己有關，所以我還是不要理他…。」此時的你，就是佛成眾生。你的每一刻，都是眾生跟佛的抉擇跟考驗。

世間還有一種被標榜「講好話、存好心、做好事」的行徑，它也是一種毒，這種毒比罵髒話的毒更深，因為這種毒會讓你無法吸收真理。為什麼我會這麼說？中國人有句話「不誠無物」，也就是說當你沒用真誠的心去面對，是無法為你產生任何實質的內涵的。如果你能夠真誠一些，你會發現場面的話好講，但是由衷的話卻不見得容易；或許你的話也不是完全不由衷，你的話也可能很接近你的心，但是還是有那一線之隔、一尺之隔，但是這薄紗之隔，搞不好你無論如何努力仍然無法將之去除，這層薄紗也會讓你無論如何努力仍碰觸不到內在的真心，這很弔詭吧！這個關卡因為大家都覺得它很好，所以也是最難破除的。

所以這世間提供了這麼多的挑戰給各位這麼有種的戰士，它提供了這麼多能襯托出你內在的光與熱的劇本，各位來到這地球上旅行究竟要如何破關，就看各位的本領了。若是你能夠經過這一番鍛鍊、焠鍊後被磨煉出來，你就能夠回到那原原本本的本性，當你回到這個原本的本性之時，就與原來的你不一樣了，你就會恢復如孩童般的童心，那是跟你現在完全不同的純真狀態。

第一篇　頭腦與自我

自我產生痛苦

自我這個東西，事實上就是一種無明。你本來就沒有一個○○的身份在那裡，但是因為有了社會的習染，你就認為你有一個○○身份在那裡。當這個身份跟著你久了之後，你就會視它為你生命的全部，包含你從這一刻到你所有的過去，它於是就變成你所認知的「你」。這個你所認知的「你」，有很多的好壞、善惡、是非、與許多判斷在那裡，這就是「自我」，這也是我們生命痛苦的原因，但是你必須要了解這個自我，你才能夠認出它，也才有可能將它放下。

「自我」事實上是一個奧妙的設計，這個設計其實是要我們體驗到無我。這個設計會故意讓「自我」經歷名利權情的情境，然後在裡頭痛苦不堪，事實上它是要你在這個「自我」的處境裏面體會到這其中的苦，它真的苦，當你真的能夠感覺到這個苦，你就有機會得以從這個苦裡面出離。

你之所以知道它的苦而能夠自此出離，那是因為你已經明白了它是無常，你體驗到每一刻都不斷地在變化著，你也知道沒有一個實體在那裡，沒有一個你所謂的〝你〞在那裡，你知道你只是一個每一霎那的存在，也就是在這一霎那的你，在下一刻就不在了；你是流動的，你不需要抓住什麼，你也不需要去預期它，然後下一刻的你就又會來到，它就是一個流動，是一個所有向度的流動，它可能向上、向下、向前、向後、向左、向右的流動。如果你可以順流，你就可以在每一刻全然的展現，你會明白當下這一刻就是你僅有的存在，當你能夠瞭然於此，你就真正可以自苦裡出離。

一念迷即眾生　一念覺即佛

二十九年朱孤繫了心用

狂心頓歇　歇即菩提

感謝佛菩薩成全

瓜熟蒂落　霹啪！

認得本來面目否、、

　　　　認得

為什麼頭腦會是種進入整體感動的阻礙？例如我問：你現在有沒有在感動之中？這個問題是不需要用頭腦思考的。如果你還去想我有沒有在感動之中，連這個想"有"或是"沒有"都是你進入感動的障礙！什麼是感動的狀態？例如當你在聽音樂、看影片，當你融入其中的時候，眼淚可能就自動掉下來了，它並不是你的頭腦要它流的，它是油然而生、自然而然的，這不需要頭腦思考的運作，它自己就自然作用了，在那個時候你不需要想自己到底是不是在感動之中，你只是跟感動相應，你也就能夠融入整體；如果此時還有一個你在那裡思索該不該跟著感動，那個思考就會成為你進入感動的障礙！

但是我們大部份的人都不願意放下頭腦，因為頭腦實在很好用：能說善道的是它，能分析事理的是它，能自做萬物的是它，所以你整天跟它在一起，你以為它就是你的主人，那麼你就是認賊作父了，尤其當你執著我〇〇〇特別會寫文章、我〇〇〇演講技術很好、我〇〇〇很懂教育…，你如果有這種執著，那你就被框死了，因為你已經認同你的身份了，你已經把你妄心的才能當作是你了，那你就會陷入侷限，陷入痛苦，你就無法進入本性的真如。

頭腦聰明的人帶來的是世界大戰與侵略，人類需要的是如孩子般的心，而不是聰明的希特勒。

生活中的提醒

這個世界有智障與唐氏症的孩子的原因，是在提醒這個瘋狂追求理性與成功的文明：單純的心是如何的動人與美麗。他們的心是人類避免走向滅亡與自毀的希望。

念頭就像浮雲

當一個人進入明心見性的狀態，就是意謂著進入了晴空萬里無雲的狀態，你自心本性的智慧會將迷妄、烏雲塵霧吹散，此時內外明澈，星羅萬象都不再被遮掩。

但是一旦明心見性以後，並不是總會都是在朗日當空的狀態，它照樣會刮風下雨，或是晴時多雲偶陣雨，它一樣還是在變化；不同的是，在明心見性以後，雲霧都不再是障礙，因為你知道雲總是會來來去去，你不會執著於它，所以不管這個雲如何來去都不會有障礙。

雲是什麼？這個雲指的就是我們的念頭與行為，而太陽就是我們的自心本性。雲顯示的樣子每一刻都在變化，就像是我們的念頭與一切的現象也都一直在變化，無法停留、無法被固著，但如果你的注意力只在外面的境界，你的妄念就會像浮雲一樣烏雲密佈，當你把自己執著在那些烏雲中，你就把自己的天空、把自己的自性蓋了起來，你內在的光就會變得很暗，你就看不到祂。

有人說當人證悟以後就會晴空萬里，是不是意味著證悟的人就會永遠在晴空萬里的狀態？事實上，當你執意要自己永遠保持著晴天，那就是執著了！因為你無法接受雲的來去，它總是不斷地在變化，你無法總是晴天，雲本來就不是什麼障礙，雲就只是雲，所以念頭本來就不是問題，當你把念頭認為是你，那才是問題。

有人問：懷疑是不是個問題？懷疑本來就不是個問題，盡信書不如無書，盡信我的話不如不要聽我講話！

我一直強調一定要親身體驗，因為只有親身體驗才是真的。對於任何一件尚未體驗過的事情，你可以盡可能地找各種角度去懷疑，但懷疑的目的並不是要你成為一個懷疑主義者，懷疑的目的是對於那些在你身上還未被體驗過的，你要親身實地的去證驗它，然後去跨越或是融入它。

一個懷疑主義者，他只是停止於懷疑；而一個實踐者，它是透過懷疑去了解實踐後的可能性。

如果你僅止於懷疑，你不往前跨一步，那你的懷疑只是用來避免自己去碰觸到真相的藉口，那也只不過是個懦夫罷了！

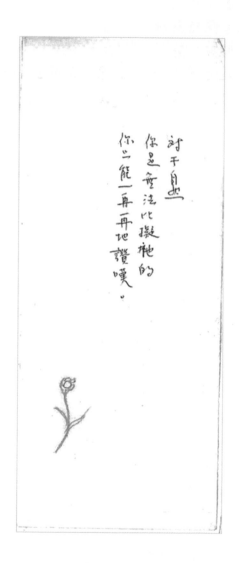

繫縛讓人無法如實地進入當下

繫縛就是有所執著，也就是指你對於現象起一個你想要固定它、不想讓它消失、想要將它保持住的念頭，如此一來，你在當下這一刻就無法如實地進入。

你開始執著於過去某一刻的某種覺受，或是你把那個覺受以為它是永恆的，這叫做繫縛。這樣的繫縛就會產生苦：為什麼那個覺受不能回來？為什麼這個男人不能像以前那麼愛我…？這就成為煩惱，就叫苦集，然後你就開始在無名生死苦海中流轉，就進入業力與輪迴；等到有一天痛得受不了，痛到不行，痛到極點，痛到醒了，才會能夠真正的了解：啊！原來這一切的輪迴都是我的執著啊！

為什麼你會有繫縛呢？舉例來說：你為什麼對於你的老婆過世覺得如此愧疚？那是因為你沒有真正愛過她啊！如果你真正愛過她，你絕對不會覺得愧疚！因為美好的仗已經打過，你已經盡全力愛過她了，所以你不會有那麼多的愧疚；你之所以會有愧疚，就是因為你沒有全心全意地愛過她，你沒有全然地活在跟她相處的每一個當下！

當你能夠完整地體驗這一刻，當你能夠熱烈充分地活在這一刻，你下一刻當然自然是完完全全、新新鮮鮮地來到！當你能夠全然地活在每一個當下，當你在每個當下都能夠完全的融入，對於這一刻可以完完全全地體驗，下一刻就是完全嶄新的，不需要任何生心作意，無論你的感動之流流到哪裡，當下那一刻都是圓滿的呈現！

魔與鬼

老子言：「道之華，愚之始。」它的意思是指當你體驗到某一種道的精華、精要，並且執著於它的時候，那就是愚笨的開始。莊子也說過：「道隱於小成，言隱於榮華。」當你在修道上有一點小成就之時，你開始膨脹自我，這時候，在你身上體驗到的「道」也就不見了。

事實上，真理在每個人身上都可以被體現，但我們每個人面臨最大的問題就是我們執著自己所體驗到的真理，你覺得你好像會了些什麼，於是你開始拿著雞毛當令箭，開始耍起了大牌，如此，你就變成了「魔」；然後，如果你是個笨蛋，你體悟到的是一個錯誤的真理，你在這樣負面的情緒裡頭打轉，並且還執著於這種負面的情緒，那你就成為了「鬼」。

你會很容易對於這些在你生命中體會到所謂的真理產生執著，因為它太好用了：你每次一用它，別人就瞠目結舌，講不下去；你每次一用它，別人就下訂單了；你每次一用它，別人身體的痠痛就好了…。但是，如果你只是執著於它，你也只能夠成為一個匠、一個器，你不會是「道」！如果你執著於它，雖對人世無害，你也就只是一個小格局的人；如果你執著於它，並且拿著它到處去砍殺別人，那你就是個「魔」；又如果你拿自己負面的情緒，到處去污染別人的生命，那你就是個「鬼」！

一個真正悟道的人，他會讓自己的每一刻都是個學生，不管他過去曾經累積多少的體悟，他的每一刻都

仍在不斷的學習，這是正確的態度、這是究竟的態度，這才是一個真正見道、悟道、行道的人所呈現的心行。

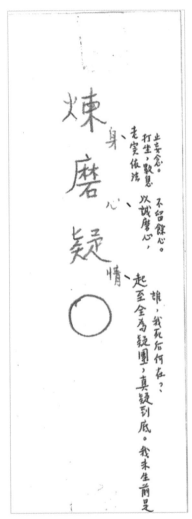

袈裟

我們一般人都因怕自己犯錯，所以不斷拼命地找別人的錯；我們總是看不到自己的問題在哪裡，卻拼命找別人的問題在哪裡，這很常見的通病。這種通病在人生的痛苦根源裡面是個很重要的因素，因為我們總是認為：自己沒有問題，別人才是有問題。如果大家都是這樣，那麼很多問題就無解了。

有很多的法師他們最大的問題就在於放不下身上的那一套袈裟。很多人在沒有修行之前還好，他還願意承認自己的錯誤，但是當袈裟一穿上，就彷彿是被一個金鐘罩給罩住，他就被套死了，他就看不到自己的問題，有很多法師當身上的袈裟一穿上，就忘了自己的名字，這是有違聖教的。

當一個人看不到自己的問題，那將會是最大的阻礙！當一個人看不到自己的問題，他就無法成長，無法蛻變。其實大家身上也有這樣一個無形的袈裟，大家有各種不同的袈裟，那個袈裟叫太太、叫先生、叫老師、叫總經理，有各種的名號，這些都是袈裟！我們很多人都受困於袈裟，不敢行真行，不敢講真言，不敢行真事，當這些無形的袈裟一穿上，就開始有了顧忌，想要保護，開始有了退縮，這是很可惜的，而這些無形的袈裟，就像是國王的新衣，看也看不見，然後有人告訴你：「只有聰明的人才看得到！」其實聰明的人也是笨蛋，他其實什麼也看不到，只有具備勇敢跟真誠的人，才能夠真正的看見！

生活中的提醒
心在那裡
回到心就是回家
執著(繫縛)在那裡
離開執著而進入一體感動就是出家

心，回心家而出腦家
大家時時回家又出家了嗎？

專業的臭味

有些人身上有種臭味，那種叫做"專業"的臭味。這種臭味跟醫院的消毒水味頗為類似，那是一種自外於一切的、一種以某種身分自居的、一種眾生皆醉我獨醒、一種自以為睥睨天下，精神高超的、一種下指導棋的臭味。

這種臭味，的確是令人作嘔噁心作嘔。佛洛伊德是精神分析創始者，但是當佛洛伊德的學生-榮格要為佛洛伊德做精神分析時，榮格失敗了。在船上，榮格想對佛洛伊德進行精神分析的提議，被佛洛伊德無言回絕了。

試問：精神科醫師到底憑藉什麼自認為可以"治療"別人的精神疾病？理性？知識？研究？還是自以為高人一等的姿態？有人問過：精神科醫師的自省力、良善、覺察力…等自我修養的程度夠嗎？沒有！在所謂的精神科醫師養成之中，沒有任何關於這類的訓練。

所以，除了對於精神科醫師那種非人幹的生涯之外，對於這種扭曲的治療關係，我想許多的精神科醫師應該好好地思考自己被治療的需要。

當然，這裡的精神科醫師，不是專指精神科醫師，而是指身上有著專業臭味的人！

溝通的障礙

佛經說人跟人之間隔了須彌山,什麼是須彌山?它是喜馬拉雅山!人跟人之間是隔著喜馬拉雅山,因為每個人都有一個腦袋,而且你的腦袋跟別人腦袋裝的東西不一樣,所以每個人看到的世界也不一樣:有的人能言善道、有的人剛毅木訥、有的人單純善良、有的人喜歡耍小聰明…,每個人的腦袋都不相同,而每個人就活在如此的自我世界裡。

我們每個人對這個世界都有各種不同的看法、不同的判斷,也形成了不同的價值觀,這些不同的價值觀,就如同隔著須彌山。為什麼人跟人之間那麼難溝通?因為我們都抱著我們腦袋的自以為是在溝通,我們都用我們的看法來看別人的看法,而這種溝通,稱為無效的溝通!因為它真的沒有效,你說你的,我說我的,彼此之間隔著須彌山,當然無法產生交集。

但人與人之間是否只能夠如此的互動?其實人跟人之間存在著另一個層次,這個層次又叫心的層次,這個心的層次,也就是我一直在強調的「心的感動」。當你願意將你的心打開,你就會知道每個人之間的心是相連的,人與人之間的心,其實是同為一體的,當你的心與他人的心產生連結之時,你就會進入一體的感動流裡,你會發現人跟人之間的障礙,只是頭腦的須彌山,而心的連結卻一直都是存在的。

生活中的提醒

母親對孩子的愛很自然
難的是放手
放手，因為一切在原本自然的人生裡
一切皆得照顧
一切皆得具足、圓滿

放下分別

你的生活為什麼會產生問題？那是因為你的內在已經有分別了。你活的是一個分裂的生活，你內在一方面是極端積極熱情，另外一方面是極端自閉、不起反應，你的內在是分裂的，這些都是你內在的反射，所以問題到底在哪裡？所有的問題還是得從你的內在來解決。

「放下分別」這四個字說來容易，但是你並沒有理悟、沒有解悟、沒有證悟的話，你是做不到的。理悟就是理上你懂了，解悟就是你在生活中解得掉，證悟就是你在生活中不僅解得掉，你已經解得很熟練、熟悉它，已經有心得了，這就是理悟、解悟跟證悟，你不能只停留在腦袋的層次，你要用心去生活，這樣你才會知道到底生命是什麼。

如果朝雲與晚霞有隻

詩人的筆

那麼連李白，杜甫都將遜色

第二篇 生命之流

為什麼你對於眼前發生的一切會覺得如此玄奧，覺得難以理解？因為你一直在用腦袋來看待這些由心的一體感流動而發生的事，它們是如此簡單地發生，但是對你而言卻如此難以理解。

世界上的心理療法其成功機率並不高，那是因為這些療法大部分都在努力解決須彌山這個腦袋的問題，他們並沒有直接從心下手，如果你只處理這個腦袋，它就是一個永遠也走不完的迷宮，因為腦袋太厲害了，腦袋是個大幻師，你是玩不過它的，所以腦袋的另外一個名詞，又叫做魔王。

我在《回到當下的感動》這本書裡提到東方的儒釋道心學傳統，這個心學傳統就是從心下手，當你能夠從心下手，並且透過重複體驗來解除過往的創傷、情境與情緒，讓它歸返最原始的狀態，「心」就可以很自然的在當下直接、直心的流動，而這個流動，只要你開始真正的體驗到它，並且願意持續不斷地堅持這一條路，你每一天都會發覺你不斷地在改變，你每一天你都會發覺有更多的驚奇、更多的奧秘，不斷地向你顯露，那是頭腦無法想像的。

生活中的提醒

幸福來自於柔順於感動的心
來自於不在意頭腦的比較的心

生命中的白天與黑夜

在人生中一定是會有某些痛苦、不幸與疾病的，但是你卻長久以來一直都只是在追逐光、追逐成就、追逐財富、追逐很多社會認定的成功；然而另一方面，你卻一直在排斥那些你不要的那些痛苦、不幸與疾病。你似乎忘記你來到這個人世間，是為了要完成與體驗一切，包括光亮與陰暗面，但你卻只想追逐光亮，因此，你的潛意識就會自動幫你安排黑暗。

其實在人的一生中，光亮跟黑暗是並存的，一旦光亮追逐久了，你的生命就會變得很虛弱、薄弱，像個遊魂一樣，那個生命的力度跟強度就出不來，你看起來就會像個遊魂一般，但這其實也是個人生劇碼，因為在地球上原本就會有白天與黑夜，你在地球上就是會有痛苦不幸跟疾病的，你人生中本來就被安排會有白天與黑夜的，如果你一直想控制自己是在白天的狀態，那你一定會神經錯亂，一定會產生問題。

你無法控制生命，因為這是你在來到這地球以前早就設下的這個黑暗的體驗，這是必然、必定會發生的！所以不管是白天或是黑夜，它只是你生命中的一個挑戰、一個劇碼，它是用來鍛鍊你的，而你如何看待它，你要用什麼方式來面對它，這才是最重要的。

生活中的提醒

感恩一切
皆為成就之因緣

抱怨一切
即是阻福之利方

別讓你的生命乾枯

如果你們認真地回顧一下自己的生命，你可能會發現這裡面並沒有太多精采之處，你會發現你的生命竟是如此乾枯！為何你的生命會如此乾枯？那是因為你對什麼都說「不」：我不要！戒律說不可以這樣！爸媽說不可以那樣！先生說不可以如此！太太說不可以那樣做…！，這些都成為你拒絕體驗生命的藉口。

我的意思並不是要各位故意把自己搞得天翻地覆，我的意思是說你必須帶著感動去體驗你的生命、你的生活。一個人活在這人世間，光只是成為一個好人是不夠的，你必須要真的能夠勇敢地跳下生命的河流，勇敢的迎向你的生命、你的恐懼，你必須帶著勇氣去體驗它、實踐它、面對它、解除它；你必須去實踐，毫無保留的實踐，你要帶著勇氣去做到每一分、每一毫，就算天崩地裂也仍繼續勇往直前，如此，你的生命之泉才會源源不絕地湧現！

171

別讓自己活得像塑膠花

事實上，老天爺會讓各位在人生中有痛苦、不幸與疾病，也算是一種仁慈，否則，你的人生可能就這樣虛與委蛇下去。

現在有很多人，尤其在都市裡更可以看到很多遊手好閒的人，他們經年累月的頹廢，人生就這樣一直爛下去。你試著想想，一個人可以懶到如此地步，整天毫無意義與價值，而他自己卻也覺得無所謂，這講起來實在是很可怕。人真的可以把自己的生活搞得很無趣，搞得很塑膠，塑膠英文叫PLASTIC。我以前看到有些人在家裡插著塑膠花，十分不解地問他：「你插塑膠花幹什麼？它並不會帶給你任何的美感啊！」一朵真正的花，縱使謝了、凋萎了，它也是個動態的，今天跟明天是不一樣的；但是塑膠花今天是這樣，明天也是這樣，10年後還是這樣，除了有一些灰塵，你可能把它洗一洗、撢一撢之外，它還是一樣，永遠不會改變，這就像很多人的人生，他就只是想要這樣，希望這樣就好，這樣的人生其實很常見，也很可憐。

我常說所謂孬種的人，就是他總是躲在一個安全的環境裏面，鬥志喪失殆盡，其實這是很可怕的。你的生活太穩定，你以為這個世界就是這樣子，你對於存在沒有激盪，生活沒有衝擊，拒絕任何的挑戰跟考驗，這些都很危險，這都是在過塑膠花的生活。

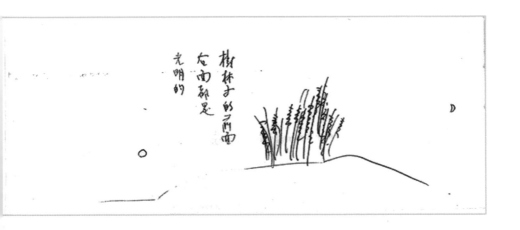

樹林子的門面
右面都是
光明的

凡夫的生活

什麼是凡夫？什麼事都以自己爲考量叫「凡夫」。

你總是會有一堆自己的理由：哎喲，我事情很多、我要照顧小孩、我要上課、我壓力好大…。這不是叫做「凡夫」嗎？這也叫做「眾生」啊！

眾生所講的一切，所做的一切，都只有一個主題，叫做「我」：我喜歡、我不喜歡；我要、我不要…這都只是「我」。你一切考量都是別人應該要對你怎麼樣，這就是眾生，這就是凡夫啊！你所有的生活世界就是你的身體所發生的任何現象，要吃、要拉、要撒、還要睡，就只有這樣而已！你因軀殼而起念，你就只在自己身上做學問、做功夫，這就是眾生，眾生的生命就只是爲了個人的慾望而生活著，你眞的要讓你的生命如此過下去嗎？

生活的提醒

沒有角色
只是當下心流流到的

當下定位

被角色綑綁

為什麼你對於責任兩個字會有疲憊的感覺，基本上的問題就在於你認同了那個角色、也進入了那個角色，因為你進入了那個角色，就產生了角色的問題。

角色是什麼？角色就等於設定，這個角色的繁複就是：婆婆應該要怎麼樣…、媳婦應該要怎麼樣…、先生應該要怎麼樣…、太太應該要怎麼樣…、上司應該要怎麼樣…、屬下應該要怎麼樣…，這些都是角色。這些角色也都是偽幣，都是假的東西，因為那都沒有用心進入感動中而產生頭腦的偷懶。

不想用心，只想藉著頭腦來偷懶的人就會想要進入角色，就想要從角色直接去行為，所以如果你沒有進入這一刻的感動，你就會進入角色的迷陣，於是你就開始對任何事情都有了偏頗的判斷，你就開始有我要、我不要、這個我喜歡、這個我不喜歡，你就開始進入這自我的迷障裡面，那是因為你已經掉出感動，進入了角色的設定裡了。

所以說穿了，進入角色，就是一個心的偷懶。

在錯誤中學習

有人問我：人生怎麼過？我說：人生就這樣過啊，做你想做的，當你做錯了，就會知道怎麼樣做才是對的！不然，人生應該怎麼過呢？人生不會有任何標準答案，因為，人生不是一本教科書！

人生是來學習的，我常說：「這樣做沒有人會死，也不會死人。」，所以做做看！當你真的發現自己錯了，兩腿跪下來磕個頭，在那當下也是真心誠意、也是刻骨銘心的啊，這樣不行嗎？這不就是人生嗎？

一個人的心在哪裡，這才是最重要的。所以，扎扎實實地走過你人生的每一步，因為，人生就是在錯誤中學習的，而最好的學習，就是去犯錯！很多人並不知道最好的學習就是去犯錯。因為犯了錯，你才知道要怎麼做才會對；因為犯了錯，你的那個心才能夠擺得比較低；因為犯了錯，你的調整性跟彈性才能夠比較大。

犯錯之所以重要，是因為它可以鍛鍊你的無邊接受性，讓你的接受度更為擴大，它也可以鍛鍊你的無限誠實性，讓你在跟別人產生衝突的時候，看到原來自己的不足是什麼，如此一來，你才能夠在下一刻知道如何把自己料理好，如何讓自己負面的設定解除。所以，犯錯是一種最好的學習。

讓生命流動

我們常把某些設定、思想，或把我們曾經執著為我的那些片刻構成了所謂的「我」，例如：你曾經被你爸爸打，你很痛苦，你覺察到了，而且你執著了，你執著於你的覺察，將它當成為你，所以你就認定這個痛苦就是你。

你常常會去執著你覺察到的某一些片刻，然後把它說那就是你，你沒有辦法將它放掉，你無法讓它流動，你無法看見一切的發生都是生命的流動，你執著於你經驗生命河流的某一些片刻，把它說那個片刻就是你，你總是把感情中的流動變化，執著成你的感情，不是！那是一個生命的發生，那是一個生命流動的一個現象，那不是你。

跟隨著生命的流動，不要壓抑、不要梗在那裡，你就能夠讓你的生命通流，你的生命必然像山上的小水滴，最後會匯集成一個溪流，然後變成河流，到最後到了大海，這是必然的。當你能夠將這些執著的東西通通放掉，你在你的存在裡面就找不到一個你，你會成為空無，這個空無就是真誠，這個空無就是我一直在講的感動，感動裡面沒有你，也沒有我，只有一體，感動不是濫情，感動不是裝模作樣，感動也不是糾團，感動必須扣到空無、感動必須扣到真誠、扣到勇氣，你的勇氣必須表現在你面對你的恐懼上。

177

成為一個被感動推動的人

我們要做一個被感動推動的人，在山上就在山上，在紅塵就在紅塵，你沒有任何固定的設定，你就只是不斷的被感動推動著。

這種被感動推動的事情，可能是去交一個男朋友，可能是到處演講，它的面向都是因感動而隨緣。這個因感動而隨緣並不是隨便，或者什麼都可有可無，因感動而隨緣是指你不預期這個緣是什麼，你只是隨著緣的感動去完成它。也就是說當你這個片刻正在喝一杯茶，你是因感動而去做它，你只是被感動所推動。所以吃飯、喝茶都在「道」中。

很多人無法總在感動之中，主要原因是因為無法接住這一刻因感動而來的一切；而沒有接住的原因，就在於你被上一刻所繫縛，就在於你對感動在當下不可思議的呈現之信心不夠，當你沒有接住這個由感動而來的一切，那麼你就會錯失一個非常重要的轉化機會。

你必須準備好讓感動推動你，你必須準備好讓感動觸動你，讓它帶領你去經歷一個更大、更深、更廣的生命。

生活中的提醒

中庸：君子而時中。時中，不就是時時在感動之中嗎？時中，不就是"應無所住而生其心嗎？不就是時時進入當下的一體感嗎？古人厲害，用兩個字就說完了！

活出真心需要魄力與勇氣

一個真正見性的人，對於這個世界的在在處處、任何的發生都覺得是圓滿的呈現。這句話不是概念，這些是需要體證的。

一個真正在生活中修煉的人，他會知道如果這世界上有任何一個發生無法接納，那就是自己在修煉上有問題。一個人要活出真心，必須要有無邊接受性，但是在活出真心與無邊接受性之間，還需要一種魄力、一種勇氣，你活出真心是需要勇氣的。有些事情你明明知道是對的，但是你就是沒有去做，那是因為你沒有勇氣，你沒有魄力，你明明知道這個人就是不對，但是你還是忍氣吞聲，這樣的你就無法真正地活出真心，也就無法真正的自在與解脫！

生活中的提醒

唯一的道德就是完全服膺直心的流動
唯一的紀律就是完成直心的感動

除此之外，不需要其他的道德與紀律

全然活出這一刻

面對死亡的時候，只有真正重要的東西會被留下來，那些不重要的東西就會自動消失。

如果在你生活中，有個每月八萬塊薪資的工作，但卻讓你感覺每天像是在等死一樣毫無樂趣可言，這樣的生活，就如同在無形的監牢裡一樣，這種生活是半死不活的生活，這種生活如果你沒有辦法看破、看透，你一輩子也就這樣渾渾噩噩過去了。

但是如果你可以用〝下一刻就會死去〞的態度過活，而且下一刻如果真的死去你也毫無遺憾，那你的每一刻的能量就都是源源不絕且飽滿的能量，你同時也可以感受到無限廣闊的心量，那個愛，更是如此地動人；更弔詭的是，你可以毫不費力地就能夠得到它，只要你能夠用〝下一刻就會死掉〞的心境，全然地活出這一刻！祂就是個奧秘！

想像冬天
是可以這麼
蕭冷清癯的。

小石
八十三年

第三篇 內在煉金術

體驗地球之旅的神聖遊戲

我們每個人都是來地球上旅行的，但是很多人忘了它是個旅行。

很多人在他們的生活中，日子過久了就會產生一種奇怪的感受，好像日子可以一直這樣過下去，以為自己不會死，他們忘記了這是一段旅程，是用來體驗生命的地球神聖之旅。

據說在很久很久以前，有一個無限無窮的心量和能量，無法說祂到底是甚麼，因為沒有辦法形容祂，這個東西這麼的飽滿，能量如此地豐沛，心量那樣地廣大，那樣地慈悲、那麼多的愛，但這些以上的形容詞也不足以形容，因為這個東西太飽滿了，而祂想要創造一個神聖的遊戲，好讓祂自己在這麼飽滿的狀態下，更有活力、更活潑、更動態一點，所以祂就產生了一個東西，這個東西叫「執著」，也因之衍生了各種不同執著的空間，也就是當你執著乾淨，他就開啟一個乾淨的空間；你執著污穢，就開啟一個污穢的空間；你執著光明，就開起啟一個光明的空間；你執著喜悅，就開啟一個喜悅的空間；你執著有形相，就開啟一個有形相的空間；你執著有具體物質，就開啟一個有具體物質的空間。祂會因為這些執著，所以祂開啟了可數、但接近無限的空間，因此祂也就開啟了不同的空間、不同的星球、不同的星系、不同的宇宙。

當各種不同的空間形成後，某一部分的祂就前往某個空間去體驗，在那個空間裡，祂再像樹枝狀般不斷地

裂開，原本存在的大本體，在所體驗的空間中不斷地裂解，裂解成眾多的星球，而在某個星球，例如在地球上，又再裂解成幾十億個小個體。換句話說，祂先創造一個可被體驗的空間，再把自己裂解成無數的小個體，祂的目的是希望能夠在各個空間中進行旅行，並且體驗祂本身具有的一切。而這空間的配置並不是靜態的，祂還是繼續不斷地藉由經歷這些空間的所有來更豐富祂自己本身，當再度回到祂本源以後，祂自己還會消化吸收，然後再創造出新的空間，或取消某一些舊的空間，這樣不斷地持續下去，所以祂是一個變動的、活躍的、動態的狀態，也就是說這個宇宙還在不斷地在成長變化當中，這是祂令人覺得萬般奧秘與不可思議之處。

所以各位要知道，你的身上有著這個充滿心量與能量無窮無盡的本體，祂就在你身上，而你來到這地球，這個空間賦予你一個外殼，也就是你現在的肉體，其目的是要讓你能夠完整地經歷這個空間。

至於「人」存在的這個地球空間是非常特殊的，這個空間的特殊之處在於「人我之見」相當重，也就是你與他人之間的區隔特別明顯，這是地球這個人類空間的特色。在其他空間中，他們並不覺得其他人是其他人，因為他們知道他們是互通的，彼此可以相互心電感應，但是為什麼在人類之間就很難產生心電感應，那是因為在地球上「人我之見」特別重，我們覺得你是你、我是我，彼此是完全不同的個體。所以在這地球上主要的學習項目之一，就是要能「破除我見」。

地球上除了「人我之見」的分別特濃以外，還有第二個很重要的特色，同時也是讓地球這個空間顯得特別殊勝之處，那就是它把所有的功課通通拉到地球來。宇宙的設計會將某些功課放到某個空間要我們去經歷，但是在地球這個空間卻有一個很特別的創造，那就是它把所有的空間都拉到地球上來，所以你在地球上會有很多不同空間的投影點，各個空間的文化會投影在地球的不同角落，也就是地球上的空間是很變化多端、很豐富的；例如以前歐洲與埃及人大部分都是天狼星系來到地球上的，但是現在因為東西方交流非常頻繁，所以有一些混了，很多東方人投胎到西方去了，但是原本每個種族都有不同投影的。

地球這個空間還有第三個特點，這個特點在於每個人都有一個肉體。

在宇宙的其他空間，有些存在不是肉體，他們有些有形體，有些沒有形體；有些具有形體的、有顏色，也有些有具有形體的、沒有顏色。而在地球上的人類是具有肉體這個形體，而且這個形體非常具有特色，如果你懂筋絡，你就可能會知道我們脊椎的每一節和地球的節氣是相應的，我們的穴道和某個星系也是相連的，意思也就是說你的肉體是與宇宙其他空間交流的管道，這是人類這個肉體的特別之處。

地球這個空間第四個殊勝就是地球上污穢的東西特別多，黑暗的力量特別的強。你或許會問：「黃醫師，這有什麼好殊勝的？它不是會讓我有痛苦、不幸跟疾病嗎？」我要告訴各位，就是因為地球有這些強大的

黑暗力量，所以彰顯的張力，與所激發的潛力也就跟著特別的強。據說有個真實的故事：有一次在另外一個空間的佛，帶著他的菩薩來拜訪地球，當他遇見釋迦牟尼佛，他說：「你們地球這個空間怎麼這麼污穢啊！」然後，釋迦牟尼佛的手一揮，所有地球上的菩薩一個一個都湧現出來，這群來自另外一個空間的佛菩薩們都嚇了一跳：怎麼這麼污穢的地方，大菩薩居然這麼地多！而且這的莊嚴！這也就是釋迦牟尼佛之所以說「人身難得」的原因，因為地球比其他空間成佛要來得容易。

我其實在這裡想要讓各位知道一件非常重要的事情：你所有的心量跟能量，都藏在黑暗的背後，你愈能面對黑暗，你的心量就愈大，你的能量就愈強豐沛。如果各位看過藏密的唐卡，你會發現唐卡上會畫上一些奇奇怪怪、長像醜陋、有些像牛頭馬面般的畫像，那是因為它要讓你去面對你的恐懼。

一般而言，當你面對自己的恐懼時，通常會產生二種狀況：第一，你屈服於恐懼之中，於是你的能量也被恐懼給搶走了；第二，你從恐懼之處搶走他的能量和心量，你的能量與心量因此就變得更強。這也就是說當你面對恐懼之時，不是你贏，就是他贏！這也就是我為什麼說地球這個空間的黑暗是一種殊勝之處，因為每當你進入的空間層次愈往下，你就會愈執著一些，而這些在你執著過程中所釋放消耗的心量和能量，都藏在黑暗和恐懼的背後。所以如果你現在覺得自己像個小癟三，請不要忘記你也是亙古的古佛，要記得從恐懼和黑暗處，將你原本的面貌搶回來！

人生中痛苦不幸與疾病的目的

對於重症或是癌症病人而言，這些疾病其實是將你們推向新人生的一個助緣，因為沒有它們，你們可能還是繼續過著你那個渾渾噩噩的生活；沒有它們，你們還是過著那個委屈自己、做大家眼前濫好人的生活。

其實，你要感謝你人生中這些痛苦，感謝你人生中的不幸，感謝你人生中的疾病，它比世界上任何的人都還愛你，因為它推著你，要你過一個真正有感覺的人生，當你看到夕陽的時候，你會說：啊，真美！你也可以嚐到口中這口飯的真正滋味，睡覺的時候也沒有任何的掛礙，起床時會感覺人生真美…，這就是你的痛苦不幸疾病在提醒你，要你活出的一個心新人生，它要你過一個真正活著的人生，它要你成為活人。

如果你能從人生中的痛苦、不幸與疾病中得到智慧，讓你心中的愛得以繼續流動，這樣的領悟就會讓你的人生得到很大的蛻變，有一天你會發自內心的、油然而生的、真正打從心裡地跟自己說：啊！活著，真好！

有一個你真正深愛的人是幸福的

有一個你眞正深愛的人是幸福的
因爲深深的愛讓你與你內在的自己深深的連結

有一個你眞正深愛的人重重地創傷你那是最幸福的
因爲，從此之後，除非你明心見性，否則世間的一切，
皆無法療癒你。

因此，這個創傷成爲了你必定明心見性的終極推力
而且你的世界再也不同
因爲世上的快感已然無味…

存在的深淵

每個人都有一個自己關起來的禁地，它就像是一個被關起來的城堡，裡面充滿雜草，不知道是殺了人，還是埋了什麼東西，反正那個禁地就是你不願意去碰的地方，我有個朋友把它叫做「存在的深淵」。

事件是個緣起，是無常，但是為什麼我們常人總是無法度過？那是因為常人會對於那些表面上的傷痛經驗產生逃避與壓抑，而對於那些過去愉快的經驗，你卻想要固定它、執著它；於是你將自己喜歡的給固著，不喜歡也給固著了，你在那些現象上糾纏，你想要對抗它、對峙它、改變它或是抓住它，你無法如實地讓這些存在的深淵自然地袒露，你一直固著你內在禁地的創傷，並且不想讓別人知道、不想坦露、不想讓別人干涉，並且壓抑它，你一直把它藏得好好的，很怕別人看見，於是你就在無常的現象裡糾纏，所以你就苦，因為你把現象的無常固著了，你自然就會有苦。

生活中的提醒

平衡的手
一直在背後操弄著一切
平衡著人因無明而生的人我分隔所犯下的業力

目的還是為了
讓人體會：人我一體，萬物一體的圓滿境界

內在世界的主宰者

我們內在世界有一個天平，這個天平包含了進與出，它也是你會有痛苦、不幸跟疾病的原因。

各位知道你的世界是什麼在主宰嗎？你的世界其實是你內在平衡的機制在主宰，你生活中的痛苦、不幸跟疾病，是基於一種內在秤的平衡，就是因為這種秤的平衡，所以你的內在其實知道你該擁有多少錢、你該擁有什麼樣的關係、什麼樣的工作、什麼樣的快樂，它裡面都有一個自動設定的平衡在那裡衡量著。

這樣的內在平衡機制是一種潛意識中的自我評價，這種自我評價不屬於腦袋，它是一種潛意識或是無意識的自我評價。所以你的生活是被這種內在平衡機制在衡量作用著，包含所有的關係，還有你的生活快不快樂，都在你內在的平衡機制裡面。

其實我們裡面內在的平衡機制，早就在我們每個所作所為的當下就已經審判完畢了。也就是每個人所做的每件事，內在都有一個天平在衡量著：我到底有沒有欠人？我到底有沒有對不起別人？而這個內在的天平為什麼會那麼準確無誤？那是因為從來人類都是一體，所以你對別人做了什麼，也就是你對自己做了什麼，這個內在的天平是絲毫不差的。所以真正主宰你生命的，其實是你內在的平衡機制！

在恐懼裡藏著巨大的能量

我之前說過我們都是古佛，但是你來到地球之前，你把你這個古佛的心量跟能量通通都藏到恐懼裡頭去。所以，如果你能夠直接面對恐懼，你就能夠漸漸地從恐懼那裡將你原有的心量跟能量拿回來。

事實上，你可以嘗試著去面對各種恐懼，嘗試著主動去接近各種恐懼，因為恐懼背後是藏有巨大的能量，也就是黑暗裡面藏有巨大的能量。這就好比像是太陽隱藏了所有的能量在它的核心，雖然外面看起來是乾乾黑黑的，但是那個核心裡面蘊藏的卻是一整顆太陽的巨大能量。

所以，一個能量修煉者會有意識地去接近恐懼，有意識的去尋找恐懼，有意識的去面對恐懼、穿越恐懼，並且用無比的接受性，站在恐懼的前面；然後，自然而然的，你會感覺好像是被充電一樣，這些恐懼裡頭蘊藏的心量與能量，也就會漸漸地進入到你的存在裡面。

生活中的提醒

完整的體驗
需要的是一種勇氣
一種從善如流的勇氣
一種認錯的勇氣
一種與別人同在一起的勇氣
一種放心放手的勇氣
一種雖為執行長，但是成為承載一切的母儀的勇
氣

勇氣
讓你跨越不完整
進入完整的體驗

自剖讓人潛力無窮

我們對自己的自剖都還不夠。我說的自剖不是要你記住你哪時候做了哪些壞事，也不是為了沽名釣譽的自剖，我說的自剖都還不夠是指我們對於自己的幽暗面、內在的禁地、存在深淵的自剖是不夠的，因為對於這些，你一直都是不願意去面對的。

自剖的目的不只是呈現自己的汙穢，而是真正的自我對待：你如何處理你那個所謂的你？你如何為了追求你的快感而掩蓋了你的意圖，並且要別人就範？你如何為了要享受快感，為了擴大你的自我、擴大你的名利權情，而掩蓋事實並且犧牲他人？你到底在貪念什麼？你到底在執著什麼？你到底在躲避什麼？你到底在抗拒什麼？你到底在那裡溫溫吞吞、在那裡悶葫蘆，你到底在悶什麼？這些都是需要自剖的。

我很多時候都是以身示法，用我自己血淋淋的教訓給各位看。自嘲已經夠痛快了，自剖更痛快，那是因為我們每個人的內在都有一個禁地是我們不願意去碰觸的，那其實也就是我們痛苦的根源。生命中所有的侷限都產生於你無法面對、你不願意碰觸的禁地。所以你一旦敢如此勇敢的揭穿它，你也就能夠有著無窮的潛力。

生活中的提醒

在生活中體會著一切
每一刻照見自身的限制與過錯
每一刻即刻地調整自身的限制與過錯

這就是陽剛且積極的人生

不以成敗論英雄

不以成敗論英雄，因為英雄從來就不是以成敗來論斷的。英雄有所謂的氣，氣是屬於氣魄、氣勢，它在某個程度還是可以被感受得到，氣的上面還有層次，這個層次比氣還要來得精粹，濃度還要來得更高，那就是精神。

所有名留千古的人都是傻瓜，哪一個不是傻瓜？孔子夠傻了吧！周遊72列國，如喪家之犬；耶穌上了十字架；釋迦牟尼佛也是被毒死的，這些人下場都不是很好，夠傻了吧！但是他們卻得到了永恆的國度。就像耶穌說過，一個麥子落到地上，死了，但是有千千萬萬個種子繼續產生下去。

所以我們看的不是這個麥子能不能夠長成，我們需要看的是後面，這才是永恆，這用中國人的話叫做「不以成敗論英雄」。

生活中的提醒

完完全全地承認現時所有發生的一切
皆為我內在之存在狀態所造所呈現的
因此，發生的事沒有藉口
總是往內見得自身之設定與過錯而改之
若能貫徹
定為聖人或佛

內在的煉金術

西方人有所謂的煉金術，這個煉金術事實上是一種象徵，它跟道家的煉丹意思很像。

我們在地球上創造出很多噩夢，然而這些噩夢都是為了來鍛鍊你內在的精神，它要將你的三昧真火越煉越純，它要將你內在的神性、本性越煉越純，它要讓你內在的精神越煉越亮，那這個亮不是外面美夢光明的那種亮，這種亮是佛陀死前講的：「以自為光」的亮，也就是你要以自己為光的那個精神，所以這些噩夢，都是你在人生中用來鍛鍊自己內在的煉金術。

我們在這個地球上，除了創造出噩夢，也創造出很多所謂的美夢，噩夢會困住你，美夢也會困住你，但是我們可以藉由這些噩夢與美夢，來鍛鍊自己內在的那塊金子，讓它越煉越金。那為什麼在這些鍛鍊的過程中會有痛苦？那是因為一塊金子要煉得很純以前，是需要用高溫的火來鍛燒，所以你當然會覺得痛，當你越抗拒它，那個火就燒得更猛烈，因為其中含有不少的雜質，所以要用更猛的火來燒，痛苦、不幸與疾病也就是這樣來的。

生活中的提醒

仁者不趨吉避凶，因吉凶同為成就我生命之豐盛，何必趨避？

知之，行之者，必有大智大慧大成就。

得道之人的特點

以前有人問我寫的「高就低不可逾」這幾個字，這其實是王鳳儀先生的話，這就是「下心行」，得道的人都是這樣。

我記得以前去奧修社區的時候，他們曾說真正開悟的人會搶著去掃廁所，它的意思是一個真正開悟的人，他是會去做那種沒有光亮的事情，他願意把自己放低以外，也不是願意，而是他本來就沒有高，所以不用特別低，對他而言掃廁所與對一萬個人演講並沒有什麼兩樣，世人覺得光鮮、亮麗與污穢，對他而言並沒有什麼差別。

一個開悟的人，第一個除了「下心行」之外，第二個是「敬」，恭敬一切，對一切恭敬。一個真正見道、行道的人，對一切都是恭敬的。

除此之外，得道之人第三個特點是「讓」，一個真正得道的人可以讓出空間，他可以讓出一切的東西，因為對他而言並不重要，沒有什麼好爭的。

而得道之人第四個特點是「成全」，他會成全別人，他會成全一切。也就是一個真正成熟的人，就是在一種母性的狀態。

離相並非逃避，而是不染著

離相不是要你逃避相，離相是要你不染著，離相是要你完全接受這個現象的發生，但是不染著。有些人破了雜念後，就起一個觀照，看到自己沒有念，以為要停留在這個狀態，不！連這個也不能停留，你對於現象不起染著，但也不起取捨。很多人以為對外境要離相，以為不要去看，但你如果不去看就是一種逃避。

很多人以為情緒來了就不去看它，然後保持一種卡住的狀態，就以為他已經超越情緒了，但事實上並非如此，他只是選擇不看，你卡在這個"選擇不看"的狀態裡，這根本毫無解脫可言。

這種離相是悟者跟非悟者的差別。一個不悟者無法完全在這一刻，因為他們會對某個現象起執著，他會有繫縛，當下一個片刻來的時候他是無法完全看見的，因為他被上一刻的繫縛卡住了。而一個悟者他是打開的，他能夠完全在這一刻，他讓每一刻進來，也可以放走它，他讓它是通流的，他允許它是有進有出的，他的入口與出口是淨空的，因為他徹知無常，因為他知道不管你想要怎麼控制它，它必定會消失，所以他時時刻刻都能夠盡其在我，他能夠在每個當下完全地打開心，讓每一刻進來，也能夠出去。

編 輯 群

亨天　敬雄
亨淵　普渡
利明　慧開

發 行 單 位／中 華 樂 禧 學 會

昇維法
昇維員詢問
實體與電子書
昇維相關課程
昇維相關技術

黃鼎殷醫師
關於黃鼎殷醫師
昇維醫學
公益行腳
出版品／影音

國家圖書館出版品預行編目(CIP)資料

昇維法 / 元任大同傳；元仁泰通述. -- 初版. --
臺中市：中華樂禧學會, 2024.01
面； 公分
ISBN 978-986-86289-1-5(平裝)

1.CST: 修身 2.CST: 人生哲學

192.1   113000369

昇維法

作　者　元任大同 傳、元仁泰通 述
編輯群　亨天敬雄、亨淵普渡、利明慧開
印　刷　興台彩色印刷股份有限公司
出　版　中華樂禧學會
地　址　台中市北區進化路575號15F-1
電　話　04-22373820

ISBN　978-986-86289-1-5
初　版　2024 年 01 月
定　價　380 元